沃草烙哲學讓你腦洞大開的25個思想實驗

思辨決定你的未來

朱家安 主編
沃草烙哲學作者群 著
寧欣 繪

江湖在走，燒腦挑戰未來，一定有用！

林靜君

閱讀本書的書稿時，正好是新學年的開學準備週；高中老師除了個人課務，還有許多需要與行政處室協調的業務。兵荒馬亂中，有導師提議：高三學生不參加高中部的朝會，如此可以空出一個早自習，讓任課老師安排複習。質疑與支持，雙方激戰：

「如果有重要事情需要宣布，怎麼辦？」

「還有全校朝會啊！何況，國中部的九年級早就不用參加國中部朝會了！」

「若有重要規定宣達，學生因沒參加朝會不知道，犯了錯，導師要負責嗎？」

「如果有一個年級缺席，學校就不該在那個集會中宣布重要規定！更何況，重要資訊的公布還有許多更符合時代潮流的做法，例如校門口的電子布告欄，以及網路群組推播。」

這個提議最後被否決掉了。討論過程觸及近年頻頻引發論戰的校園議題：召開朝會的意義是爲了宣達重要事項？還是爲了營造與鞏固教師權威？早自習是否讓已經擁有八節課表的學生更具學習效益？學生是否擁有學習活動的自主權（一定要參加所有的校園活動嗎）？學生是否擁有校園重大決議的參與權？

以上這些議題，總是令高中學生熱血奔騰。但，奔騰之際該如何邏輯清晰地與「大人們」溝通？本書第一章〈大人的話一定要聽嗎？〉與第二章〈腦袋打結怎麼辦？〉恰好提供了豐富的思考練習。

事實上，「大人」並不僅限生理年齡上的那群人，「權威」的概念幾乎遍布臺灣社會，服從權威似乎比較合群且正常，試圖挑戰權威的人往往被視爲引發社會動盪的亂源。果眞非黑即白嗎？

而有關生命的意義與幸福的眞諦，向來是書店暢銷排行榜的常勝軍，但生命與幸福究竟有沒有評分表？如果有，合理嗎？個人的幸福與他人有關係嗎？有多大關係？我不能管好自己就好了嗎？

江湖在走，世界觀要有，但世界的改變一日千里，五年後可能已經翻過好幾個章節了，現代人該如何因應？

這些燒腦但又不得不正視的挑戰，有《思辨決定你的未來》這本書能助我們一臂之力。閱讀的過程中，很可能讓人頻頻驚呼：「對，我的意思就是這樣！我要拿去給那個誰誰誰看！」

（本文作者爲臺灣高中哲學教育推廣學會副理事長）

學校沒教沒關係，這本書幫你一次補足哲學思辨力！

志祺七七

嗨！大家好，我是志祺，很開心能有這個機會，來跟大家聊聊哲學。我有點忘記自己是從何時開始接觸哲學的了，大概是……高一吧？因為竹中的史老師一直在打籃球架我拐子的關係，讓我開始認識了哲學（笑）

我想，那時對於哲學是完全不理解的，甚至可說是無知的程度。現在回想起來，那時應該是覺得哲學是空想，是沒有意義的事。

「好無聊喔~為什麼要去想那些這麼極端的狀況啊？」

「是吃飽太閒嗎？探究自我原則什麼的，到底有什麼好玩的啊？」

「哲學應該是想逃避現實的人才會去學的東西吧？」

是的，我以前真的是這樣想的，而且還持續了好一陣子。直到我長大出了社會後，才開始意識到哲學思辨的重要性。

推薦序

哲學思辨讓我們更了解這個世界

我是一名創業者、設計師、行銷人，也是一位 YouTuber。主持「志祺七七 X 圖文不符」這個時事頻道上的節目。我們討論政治、當下重要的時事議題，以及各式各樣的哲學問題，像是：病人是否能有自行決定死亡的權利？說謊到底爲什麼讓人討厭？AV 女優生小孩爲何引起衆人撻伐……等等的內容。

坦白說，哲學相關的內容在我們的頻道上並不是特別熱門，但製作哲學相關的思辨內容，卻是我們一直堅持的。因爲哲學的思辨，能帶給我們釐清自己價值觀的機會，也帶給我們嚴謹的邏輯能力，而這兩者都是我們傳統的教育中缺乏的。

做爲哲學的初心者，有時我會覺得哲學的訓練很像是一種藉由「橫向拓展視野」與「縱向挖深一個議題」，而更理解自己的過程。在這樣長期耳濡目染之下，也讓我們公司在討論、決定方向時變得更加嚴謹，甚至常常能找出一開始從沒有想過的解法。

哲學有用嗎？我不敢說多有用，但絕對不是某些人口中無用的程度。

這本書讓我們補足哲學思辨能量

這本書的內容，能讓大家在閱讀的同時釐清自己的概念，發想論證，並進一步協助說理。「思想實驗」讓複雜的哲學變得相當好入口，透過生活哲學跟跨時間學習這兩塊為出發點，收錄了六大面向的哲學內容，包含了：大人的話要聽嗎？腦袋打結怎麼辦？日子應該怎麼過？社會的事情跟我有什麼關係？未來的世界會長什麼樣子？怎麼討論是非對錯？等等……

每個看似跟哲學無關的問題，在這本書中都成了一個有趣的切角，幫助大家認識哲學，並進一步理解哲學有趣的地方。甚至，還能在反覆閱讀中理解哲學有用之處。

我想，不管是這本書，還是我們的頻道，其實都能被視為廣大社會教育體系的一環。希望我們都能持續用自己的力量，去補足過往教育中缺乏的哲學內容。

（本文作者為資訊設計與社會議題推廣 YouTuber）

讓烙哲學帶著你，透過思辨找到未來的自己

林祖儀

二〇一三年底誕生的沃草，在發展初期就大力支持沃草烙哲學。烙哲學至今成爲國內穩定提供哲學人投稿思想結晶的平臺，我們眞心高興。烙哲學邀請大家用哲學的觀點與思維，來探索各種時事和議題。透明編輯臺的設計讓作者和讀者回饋寫作意見，在網站上隔空思辨，並在合作媒體發表，得到稿費回饋。每月進行的烙哲學聚會，讓你看看那個在網路上批評你文章的人到底是誰。

感謝圓神出版事業機構的支持，我們再度將烙哲學作品集結出版，讓網路專欄作者成爲紙本書籍作者。如果你有興趣加入，打開Google搜尋「烙哲學」，我們正在交誼廳等你。

別等到長大了，才知道哲學多有用、多好玩！

高中畢業時，我一度徬徨，因爲我自由了。沒有人規定我幾點醒來、沒有人規定我幾點上課（其實是有啦翹課是不好的行爲！）、沒人規定我下課後要做什麼事情。

二十歲念哲學系的我，往政大半山腰百年樓的上課路上常常想著「這些哲人在想什麼啊，有點難耶，怕.jpg」。我的學業成績並不好，值得驕傲的是本科哲學系的必修選修都沒有被當過，不值得驕傲的是懷疑「我考卷上在寫什麼？」的我居然勉強pass了，這樣子眞的好嗎？穿梭在課堂大樓，背負先輩銅像譴責的凝視，我愉快地回到山上宿舍打魔獸三國。

自由帶來了徬徨，我開始找路、找前方、找興趣、找打工，以及找未來。找未來的過程之中有了深深的思辨，無論對於外顯的追求、還是內在的價値觀。

三十幾歲的我在烙哲學看到許多強者大大寫的文章，重新發現哲學不簡單，但也可以很入世吸引人。如果當初有更多「有趣」內容吸引我踏進哲學大門，我相信我的大學生涯會更加快樂順利。當時，我最喜歡大一時林從一老師在哲學概論教的「心靈哲學」，有許多思想實驗，刺激我腦洞大開，深深感到哲學的魅力，可惜只有一學期。

在《思辨決定你的未來》出版之際，我決定了自己下一次的生日願望：如果有時光機，請把這本書送到二十歲的我手上。「25個讓腦洞大開的思想實驗」會讓我的大學生活更精采，讓我更喜歡哲學、運用思維、進行思辨。推薦這本書給你閱讀，除了與哲學碰撞火花外，更期待的是你透過思辨找到未來的你。

（本文作者爲沃草執行長）

專業推薦

思想實驗是哲學家常用來論述的方法，用類比、理想化或設想邏輯上的可能性來做推論。本書由一群年輕的哲學人將此方法應用到日常生活會碰到的問題，讓哲學思考更有親和力。哲學思考變得有趣又有用，人人都可以成為哲學人。

——洪裕宏（國立陽明大學心智哲學研究所榮譽教授）

哲學的工作在於保持懷疑的態度，反思各種既定知識及價值其合理的基礎和理由，以詰問和產生疑境的方式追問是否存在其他可能性。

本書以幽默生動的筆觸，談論眞理、正義、快樂、情感、主體、存在等哲學的核心議題，帶著懷疑的態度，以深刻的理論、淺顯的舉例、縝密的論證，反思臺灣社會與當前時事。

閱讀此書將有助於我們日後面對各種議題時，保持清晰的頭腦，勇於使用理性。

——洪世謙（國立中山大學哲學研究所副教授）

本書討論的是跟一般人切身相關的主題，並且是用一般讀者都可以懂的方式去加以說明。我相信，讀完這本書，應該可以使人腦袋更清楚，更懂得如何思考。

——張旺山（國立清華大學哲學研究所教授）

藉由思想實驗，讓想像力衝出思考邊界，到未曾經歷的世界遨遊。這種樂趣，就像走進哆拉Ａ夢的「如果電話亭」裡，召喚一個不存在的奇幻世界。在那裡，我們卻更能了解現實世界。

——冀劍制（華梵大學哲學系教授）

吳豐維（臺灣高中哲學教育推廣學會理事長）
許伯崧（UDN鳴人堂主編）
黃益中（公民教師、《思辨》作者）
謝世民（中正大學哲學系教授）
羅惠珍（《哲學的力量》作者）

——思辨推薦

目錄

第2章 腦袋打結怎麼辦？

第5章 未來的世界會長什麼樣子？

第6章 怎麼討論是非對錯？

導讀　朱家安

大腦小心點！沃草這次要烙思想實驗，替你增加抽象思考能力！

假設你有一條鐵珠鏈子，每顆鐵珠都一樣大一樣重，顆顆鐵珠之間的距離也相同。你把這條鏈子如左頁圖一擺在一個三角形木塊上。如果鏈子和木塊相當光滑，那當你把手放開，會發生什麼事？鏈子會往左邊還是右邊滑？還是說，它會停止不動？

你可以添加合理的條件，用力學公式計算，或者想辦法做出逼近這些條件的實驗。不過十六世紀的數學家斯帝文（Simon Stevin）提供了一個有趣的想法：如果我們改變一下情況，假設鏈子末端相連，會怎麼樣呢？（見左頁圖二）

雖然我畫得有點爛，但你應該看得出來，多出來的下半段鏈子是左右對稱，因此照理來說，它不會影響鏈子原來的動態：如果「圖一」的鏈子會往左滑，那「圖二」也會。

然而，從「圖二」我們可以看出一件從「圖一」看不出來的事情：鏈子不應該往左邊滑，也不應該往右邊滑，因爲任何方向的滑動都會讓鏈子在「圖二」裡永動不停，但考慮到摩擦力和空氣阻力，這是不可能發生的。

斯帝文因此主張，就算我們不計算，也不眞的做實驗，也可以知道，像「圖一」那樣的鏈子不會滑動。你不見得同意斯帝文的看法，不過就算你覺得他一定是哪裡弄錯了，大概也不能否認他提出來的看法，本身也可以成爲一個值得思考的題目。

斯帝文回答問題的技術，叫做「思想實驗」（thought experiment）。思想實驗是內容明確的假想情況，對哲學家來說是好用的工具，對不喜歡哲學的人來說，則可以用來指責哲學家把時間花在沒有意義的假設性問題上。我希望斯帝文的經驗可以初步回應這種指責，並

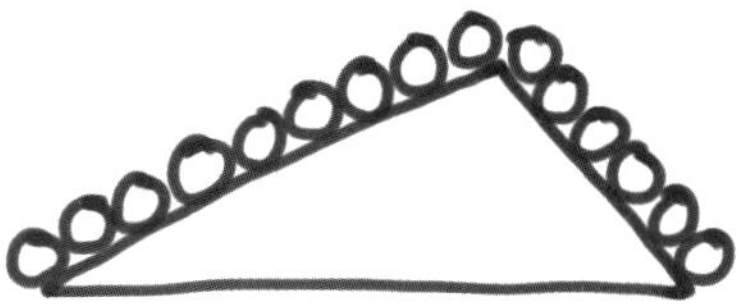

圖一

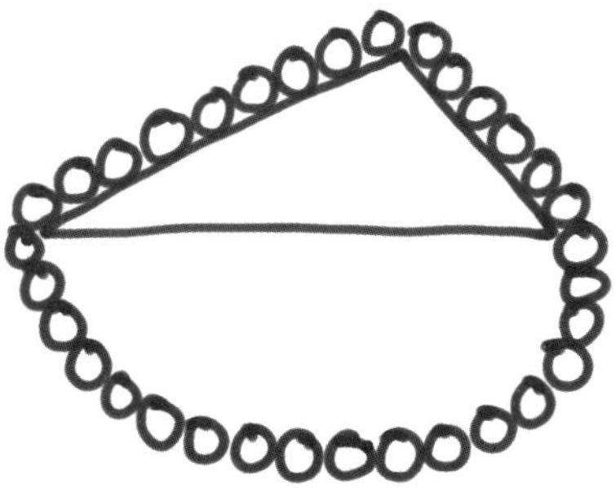

圖二

且讓我們有信心繼續欣賞本書爲大家安排的各種哲學思想實驗。

在書中這些文章裡，有些思想實驗擔當很明確的主要角色，例如〈飛毛腿眞的追不上烏龜嗎？〉〈中文房間裡的AlphaGo〉和〈你願意進入「經驗機器」過幸福日子嗎？〉；有些思想實驗則像左手，只是輔助，例如〈小孩的教養除了讓大人心情好一點，還能幹嘛？〉〈連作者都不知道答案的國中會考考題？〉和〈人民遭受海外綁架，道德上政府該付贖金嗎？〉。我相信這些不同例子可以協助讀者理解，哲學家如何用各種假想案例來釐清概念、發想論證、協助說理。

思想實驗的另一個有趣之處在於，有時候我們不太有信心保證思想實驗眞的虛構、不會發生。例如，〈薛西弗斯的人生有意義嗎？〉這篇裡，薛西弗斯故事只是神話，還是說它眞是個貼切比喻：我們根本都過著薛西弗斯式的人生？在「未來的世界會長什麼樣子？」一章裡，作者們更直指各種可以預見的未來，藉由討論機器人性愛、AI的道德責任、自動化時代的資源分配，我們讓思想實驗不只是假想情況，而是人類或許有天需要面對的挑戰。

思想實驗讓抽象的哲學變得具體好進入，更有機會成爲你我思考的養分。最近每年臺灣都盛傳「法國高中生哲學會考」的新聞，羨慕法國高中生受到哲學的抽象思維訓練，可以在考大學的年紀，就有能力思考和論說複雜的哲學和社會議題。然而，臺灣的學生在論說方面也不比以前輕鬆。大考中心的連年改革，讓參加國中會考和高中學測的學生，都需要展現思考和論說能力，才能搞定論理方面的作文測驗。而教育部在高中新增的「生命教育」課程，也強調學生必須有能力思考和自己、他人、社會有關的抽象問題。抽象思考能力受到重視，是民主時代的好消息，本書在此時出版，不但躬逢其盛，也希望能克盡微薄之力。

《思辨決定你的未來》是沃草烙哲學的第二本書，在這本書裡，我們討論「大人的話要聽嗎？」也思考「日子應該怎麼過？」從這些人人在意的問題，希望協助大家體會哲學有趣有用的地方。

第一章

大人的話一定要聽嗎？

面對權威，你還可以怎麼思考？

引言　朱家安

「可是我得聽老師的話。」

「老師叫你去吃大便，你也照樣去吃嗎？」

每個人類生命當中，都有段時間比較難自己做決定，這對大家來說都是麻煩。其他成年人得想辦法教他社會的規則和常識，並且避免他注意到自己這個時候有犯罪免責權。

被管教通常不好受，管別人其實也是。

然而，如果我們不可避免有段時間必須聽別人的，那該怎麼聽才對？

如果師長行為舉止怪異，我們該怎麼判斷？

聽從權威，會有內部問題嗎？

叫小孩要聽話，可能只是為了大人自己方便嗎？

在這一章，我們整理了各種跟「權威」「聽大人的話」有關的討論。

第一篇　洪偉

小孩的教養除了讓大人心情好一點，還能幹嘛？

二〇一七年的金鼎獎上，郝廣才公開發言主張，人們在臺北車站大廳席地而坐，顯示出因爲不讀書而導致的教養問題。他認爲，這就像廁所排不到就在大廳大便一樣——這樣的類比不僅不恰當，也誤導了教養的意義。

教育者似乎常提出這種格式的理論：學生必須額外做×、思考×、背誦×（擦窗戶、掃廁所、讀文言文、愛校服務、多讀書等），因爲這會提供某種教養。教養是個好東西，最好人人都有——但到底什麼是教養？我們怎麼知道教養不是在鞏固社會階級、製造免費勞動力？怎麼知道沒有浪費學生的時間？

本文將從這裡開始逐步分析教養的內涵，並說明該如何看待「教養教育」這回事。

教養與德行

人們經常把「好孩子」或「好人」當成教養的標準。在哲學上，這種做法混淆了教養和「德行」（virtue）。

就字面上來看，「德行」與道德有關，然而這樣講並不完全對。哲學家談的德行，更接近亞里斯多德（Aristotle）講的「Arete」。這是一種「優良發揮自己能力」的狀態，是一種能實現夢想、成就幸福，讓各能力可以良好發揮的狀態。在這種意義下，擁有德行的人能好好發展各種潛能，甚至能在困境中做出正確判斷，包括道德判斷。

確實有些教養符合亞氏德行。例如，有教養的人通常懂得尊重他人，而「懂得尊重他人」通常也是德行、能協助實現人生幸福。但即使這樣，教養

和德行畢竟有所不同，譬如這樣的例子：

小壞喜歡把小狗四肢綁起來沉入水中玩。

我們大概不會在這時候說「小壞眞是沒教養」（就像我們不會說「某人居然搶銀行，眞是沒禮貌」），我們會說「小壞的道德低落」，而「道德不低落」通常是種德行。

德行常常跟道德有關，不過並不總是：

小貪是個不懂珍惜的人。

「懂得珍惜」往往是一種德行，然而一個不懂珍惜的人不見得在道德上更壞，只是他大概會在人生中自食其果。

總而言之，德行之所以對我們重要，是因爲它**對我們自己**的人生有意義。但教養則被認爲對社會、文化有意義，甚至有助於社會與文化的發展或維持。

妥善區分德行與教養，可以幫助我們初步釐清教養的意義：德行是一種爲人生幸福而該有的能力或狀態，而教養則是一種來自文化與社會的規範。

習俗的教養、公民的教養

當我們在哲學中說一個東西是「規範」，意思是：它會限制我的自主行動（出於我的意願採取的行動），無論是因他人干涉，還是因自我約束而造成。

有教養的人隨時遵守某些規範：他行禮如儀、行事得體、不逾規矩。教養的重要性，有一定程度來自於大家遵守規範對社會、文化帶來的好處。沒教養則會減損這些好處，例如：

A、小吵習慣在捷運車廂裡大聲講電話。

小吵影響了捷運上需要安靜的其他人，侵犯到他人的生活空間，更一般地說，小吵**不尊重他人的生活**。

但是，也有些「沒教養」不至於構成不尊重，例如：

B、小真常坐在車站大廳的地上。

即使小眞沒有擋到他人，郝廣才也認為：這眞是沒教養。我其實不知道爲什麼他認爲這是教養，也不知道愛讀書的他會不會讀烙哲學專欄。但我想原因大概不出：觀感不好。更一般地說，**看起來不符合文化規範**。

持平而論，這理由並不算太糟，因爲有時「看起來符合文化規範」確實對社會、文化有所好處。譬如說，大稻埕店家都使用懷舊的招牌，使城市變得更好，甚至振興觀光。

我們可以看到，A的教養和B的教養有一個主要的不同：A涉及「應該如何尊重他人生活」的問題，但在B只涉及「應該看起來如何」的問題。

爲了進一步討論，我將涉及實質對他人干涉、涉及「應該如何尊重他人生活」問題的教養，稱之爲「公民的教養」；而將涉及他人觀瞻、涉及「應該看起來如何」問題的教養，稱之爲「習俗的教養」。

或許有人會質疑：「坐在車站大廳有礙觀瞻」難道不算是不尊重其他行人嗎？首先，我們要區分究竟「有礙觀瞻」是意謂著「不好看」，還是「有誰的生活被實質干涉」。在這，我想只要不伴隨文化歧視，那麼這最多只是「不好看」而已。坐在車站大廳確實可能讓很多人看了不順眼，但是這種程度的不順眼如果足以成爲去限制人不能坐的理由，那我們可能也要同意——爲了不至於讓別人看了不順眼，大家應該避免把頭髮染成綠色。

當然，確實也有些「不尊重他人生活」的有礙觀瞻，像是以下這個「令人反胃」的例子，**在我們的文化中**，觀看者不只是覺得不好看，還會在生理上產生確實的不良反應：

小噁在連鎖餐廳一邊吃漢堡一邊用手摳腳。

當我在上面說「在我們的文化中」，要強調的是，公民的教養和習俗的教養都有社會文化基礎。在本來說好要安靜的車廂中大聲說話會讓人不適，讓通勤者疲憊甚至精神耗弱。爲了不讓他人有此感受，我們壓低聲量。但如果在大家習慣較吵鬧的運輸工具上，當我們稍微大聲說話，並不意謂著不尊重他人。在這樣的文化中，這裡的「壓低／提高聲量」標準和捷運文化有所不同。旅客在買票時，往往也都做好了承受這種程度吵鬧的心理準備。

習俗的教養以公民的教養為前提

小滋吃湯麵聲音很大（但不至於使旁人精神耗弱）。

在臺灣，小滋可能會被批評沒教養。但在日本，小滋搞不好反而展現了對拉麵師傅的尊重。

習俗的教養會隨著文化有所不同，甚至互相衝突。當我們進行教養時，孩子該學習怎樣的文化？更麻煩的是，如果教養都是相對的，那我們還能批評別人沒教養嗎？還能教小孩嗎？

以臺灣現況來說，對小孩的教養常由一連串禁令或生活規則組成。教導者頂多說明「照著做才有教養」，但很少說明爲什麼這些規則有助於教養。更重要的是，很少說明到底人爲什麼要有教養。

這種教養教育都是從「習俗的教養」出發，而很少提及「公民的教養」，若不經過反思，大家通常不會意識到這兩者的區分。

譬如，這兩個容易讓人覺得沒教養的例子：

小罵走進某間日本拉麵店，大聲批評其他大聲吃麵的顧客沒教養。

小廣走到臺北車站大廳，看到小真等人坐在地上，上電視批評那是沒教養的臺灣人，還以為他們是外勞。

小罵和小廣的批評，出於他們對「習俗的教養」的理解，以及對眼前現象的衝突。但我們可以看到，這些衝突其實根本是文化衝突。有些文化就是吃麵要發出聲音、愛坐在地板上。當社會往來越來越便利、文化交通越來越頻繁，這些衝突就越容易出現。他們如果沒發現自己面對文化的衝突就貿然批評，反而會讓自己成為沒教養的人。

換句話說，在現代社會，強調尊重多元文化的「公民的教養」，應該比任何的「習俗的教養」更根本：

- 習俗的教養只適用於跟自己處於同一文化的人。
- 人需要意識到自己得尊重不同文化，以及他們的生活方式。
- 若我們要「跨文化」去批評別人沒教養，我們必須引用「公民的教養」，而非

「習俗的教養」。

例如說，如果你要批評外國觀光客隨地大小便，引用習俗的理由（「在臺灣我們不這樣幹，你要入境隨俗」）將顯得文化傲慢；而訴諸公民的理由（「這樣在生理上令人作嘔，而且會威脅環境衛生」）則更加合理。

從這裡可以看出上述區分的重要性：我們對他人習俗的教養予以尊重，但為了能處理文化衝突和增進理解，我們必須以公民的教養彼此要求、協調，進而產生新的教養，依此來共同生活。

教養與各種大人的藉口

教養很重要，然而我們也需要注意，究竟哪些教養確實是現代社會所必須的，而哪些教養，特別是習俗的教養，其實只不過是「大人的藉口」。

我們可以同意，有些沒禮貌的事同時也沒教養。不管是在哪個文化裡，我們都應該別讓孩子像小煩這樣：

小煩總是打斷別人發言，而且喜歡貼人標籤。

事實上這不僅適用於小孩，也適用於所有人，這是一種公民的教養。同時我們也會認爲，將這種規則當成習俗，能讓文化加分。

只不過，我們的社會卻往往走得更遠。例如，我們要求孩子不要像小乖這樣：

小乖會直接叫老師的名字，上課還會舉手批評老師的論點（沒有到很刻薄的程度）。

可能有人認爲，有一種公民的教養就是要求不能對老師不尊重，或者認爲「對老師超級尊重」是一種習俗的教養。但如果我們反省下去，就會知道這只是大人的藉口：這種「尊重老師」的教養，並非是在尊重對方的生活，也不在於對文化、社會有怎樣的貢獻，而是有其他目的，例如讓老師有教育權威、讓灌輸式教育能順利。這不是要求「對人的尊重」，而是要求「超出對人的尊重」。

爲什麼我們需要這樣的權力關係？有人認爲這會使學生更容易學、老師教起來更方便。但這也使學生失去了能與教育者平等對待、反思權威的能力。

對於教養，特別是在我們這個總喜歡教訓孩子的社會來說，我們需要不斷思考的是，當我們把一個又一個規範丟在孩子身上，最終希望培養出怎樣的人？我們讓孩子習慣擁有多少的自主性?

因此,不管是要辯護「掃廁所能夠提供學生教養」,還是其他任何的教養方案,我們都不能只說「那能養成做人的道理和品格」。我們必須明確指出,究竟這能提供怎樣的教養?爲何必要?爲何手段有效?

談教養教育不該理想浪漫,尤其當你正在以限制他人自由與自主性的方式,對他人的自由與自主性進行加工。

○思想實驗與解說

教養問題在我們的生活中有許多例子，你能不能自己想出一些被人認為「沒教養」的思想實驗場景？試著分析看看這場景中的行為者，指出在哪一種教養的檢視下，他們的行為品質是恰當的？然後試著想想看，在我們的社會中，它們在什麼時候會被混淆或是誤解？

✓這篇文章可以讓你……

- 更了解教養的意義。
- 知道怎樣的教養教育是我們真正需要的。

✕這篇文章不能讓你……

- 更有教養。

第二篇　林斯諺

連作者都不知道答案的國中會考考題？

二〇一六年的國中會考，國文考題引用了詩人陳斐雯女士的新詩〈養鳥須知〉，要考生從四個選項中選出關於該詩的正確詮釋。但作者在臉書上表示自己也不知道答案是哪一個，引起網友熱議。

這讓我想到以前從國中開始就對所謂的「文意測驗」感到相當疑惑：首先，眞的有所謂單一正確的詮釋嗎？再來，出題者眞的有詢問過作者創作的意圖是什麼嗎？這是一個非常棘手的議題，在哲學討論中通常冠以「詮釋學」之名。本文將以此詩爲例，以分析哲學的觀點，簡單說明文學作品的詮釋是非常複雜的一件事。

我的結論是：現有的考試方式預設了某種簡化版本的詮釋立場，進而消滅了學生從不同觀點探析、賞析作品的能力。

在該考題中，先是列出了詩名和作者名，接下來便是詩的正文、問題及選項：

常常看見你
在鳥店徘徊留連
終日素描一隻籠中的畫眉
所以猜想你喜歡鳥
我也喜歡，不過
比你貪心一點
總共擁有幾萬幾千幾百零幾隻
統統養在天空裡
從來不必擔心
誰會遠走高飛

關於這段詩句的解說，下列敘述何者正確？

A、本詩主旨在於藉由不同的鳥類生活型態，比喻人生窮通禍福的境遇

B、詩中運用人性化筆法，藉鳥之口控訴人類的貪婪與對待禽鳥的惡行

C、詩中的「我」以無私的心態來對待眾鳥，不願以鳥籠圈限鳥的自由

D、詩中的「你」獨愛畫眉鳥，遂於鳥店購得一隻，終日描繪牠的形貌

首先要注意的是，新聞中有提到上面的詩文只是原詩的節錄，只占了原詩篇幅約三分之一❶，但在考題中完全沒有提到這點。對於詮釋者來說，這是非常致命的一點。不過底下為了方便起見，我暫且將節錄的詩文當做原詩來討論。

作者已死？

每當網路討論出現作品詮釋爭議時，許多人會打著羅蘭·巴特（Roland Barthes）的口號「作者已死」，主張作品可由讀者任意詮釋（可能包括巴特自己的文本），沒有絕對的標準可以判斷一個詮釋語句的對錯，所謂的正確詮釋只能是相對於某某讀者才能成立。

不過大部分的分析哲學家並不認爲，上述詮釋中的這種相對主義可以成立，因爲我們似乎不認爲所有對於作品的解讀都沒有絕對的對錯。很多時候，我們會覺得某些詮釋應該是對的，而很多時候我們會認爲某些詮釋明顯不對。一旦承認這點，就已經承認判斷詮釋的對錯有某套客觀標準，接下來的爭議就是：這套標準到底是什麼了？

真實意圖主義的兩種版本

最顯而易見的客觀標準就是作者意圖，作品要表達什麼，作者一句話就拍板定案，沒有爭議（先忽略我們是否能眞正探知作者心靈的知識論問題）。這種立場稱爲「眞實意圖主義」（actual intentionalism）。不過這立場有個問題，當作者意圖與文本兜不起來時，我們仍舊得說作品表達了作者的意圖，這顯然很荒謬。

例如，若陳斐雯女士透露〈賞鳥須知〉這首詩主要是隱喻「曹操併吞中原的野心」，我們大概會認爲作者在開玩笑。因此，眞實意圖主義者大多撤退到第二種比較沒

❶原詩出自《曼陀羅詩刊》04期。

那麼極端的版本，把其主張改爲：文本模糊不清時，作者意圖可以決定作品要表達的意義，但前提是該意圖要能夠跟文本吻合。

以〈賞鳥須知〉而言，如果我們同意選項A、C、D都可以套用在這首詩的文本上，同時作者宣稱她要表達的是A，那麼A就是這首詩的正確詮釋。

顯然這個考題沒有提供任何關於作者意圖的資訊，考生在考試時也不能以任何方式查詢作者意圖，即使考生在作答前已獲悉，也不能擔保考題的內定答案會與之相同——事實上作者已否認此點。因此，若考生是眞實意圖主義者，那這題恐怕只能拿零分了。

慣例主義與脈絡

有意圖主義，當然就會有「反意圖主義」（anti-intentionalism）。詳讀考題後，我赫然發現出題方式完全符合慣例主義（conventionalism）——某種反意圖主義的立場，這才明白，出題者很有可能是一名慣例主義者。

慣例主義主張，通常情況下一個作品只會有一個正確的詮釋❷，而這個詮釋是怎麼得出來的呢？答案是，只要依照語言慣例（文字的使用習慣）細讀文本，便能得到這唯一解。文本就是最好的線索，我們完全不需要訴諸文本之外的任何資料，包括作者意圖。

「讓作品自己來說話」可說是慣例主義的最佳口號。

回到考題來看。題目中所有的詮釋線索的確只有文本，而且考試的方式也預設了考生不得參考任何文本之外的資料；題目似乎也假定了對於該作品只存在一個正確的詮釋。總的看來，這的確就是完完全全的慣例主義。但題目本身其實存在一個會受到慣例主義者批評之處，就是我之前提過的——本詩只是節錄。

慣例主義所倡議的「細讀文本」當然包含整個文本，不會是部分的文本，爲什麼這點很重要呢？因爲慣例主義主張，任何對於作品意義的判斷，其眞假必須奠基於對完整文本的考量。若漏失了一部分，線索不足，我們便無從判斷。既然考題所引述的是不完整的文本，也未如我在本文開頭先做好約定，將節錄當成完整文本來討論。如此一來，即使考生是慣例主義者，也會在發現引文是節錄時抱怨規則不公。

自從慣例主義最頑強的捍衛者比爾茲利（Monroe C. Beardsley）在一九八五年過世

❷最知名的慣例主義者比爾茲利承認有時沒有唯一解，這時就只能承認作品本身就是模糊的；另外他也同意，有時候我們無法知道正確的詮釋為何。

後，這個立場早已不是主流。最主要的原因是，慣例主義這種只注重形式的文本主義（textualism），已經被「脈絡主義」（contextualism）取代。自從哲學家亞瑟·丹托（Arthur Danto）在一九六四年的論文〈藝術界〉（The Artworld）論證了作品的歷史脈絡之重要性後，脈絡主義直到今日都還是藝術哲學的主流思潮之一。簡單來說，詮釋作品時我們不能只考慮文本，還必須考慮這個文本在被創造出來時的脈絡（context），因爲脈絡可能會影響文本的意義。

有時候，哲學家會使用可能世界（世界可能的樣貌）來協助我們思考，或許在這裡我們可以運用一下這個技巧。

再舉〈養鳥須知〉爲例，假設依循慣例主義，我們得到的正確詮釋是選項C❸。現在，假想有一個可能世界（稱它爲*W），*W跟我們的世界W一模一樣，只除了一點：對待動物的態度不同。在*W中，把動物豢養在籠子或封閉空間，普遍被認爲是一種保護動物的行爲，而讓動物生活在野外則是不道德的。如此一來，〈養鳥須知〉若在*W出版，對於這裡的讀者而言，選項C似乎不會是正確的作品詮釋。恰當的詮釋反而應該變成：「詩中的『我』以自私的心態來對待衆鳥，不願以鳥籠保護鳥的安全」。

這說明了「脈絡」會影響作品的意義，單單只讀文本而不考慮文本的脈絡，很有可能會造成誤讀。

如果你覺得上述例子太「哲學」，請想像一個更平易近人的例子。假設（真的只是假設！）一般大眾都知道陳斐雯女士相當愛慕某位男詩人，但後者卻始終執著地愛著另一名女子，而陳女士是非常豁達的人，始終保持文友關係不介入。就在男詩人終於跟女子正式在一起時，陳女士發表了〈養鳥須知〉這首詩。在這個脈絡下，這首詩讀起來感覺是否不同了？可以粗略詮釋成，鳥在比喻所愛的人，而整首詩變成在抒發「愛不一定要占有，如果不能得到，寧願放手讓他飛」的心情❹。

三個重要的爭議

由於篇幅所限，以上我只介紹最重要的兩個詮釋立場。這節我簡單說明哲學家史鐵克（Robert Stecker）所提出關於詮釋學的三個重要爭議。了解這些爭議將讓我們進一步反省

❸據說正確答案的確是C。

❹也許在這個脈絡下不一定只能解讀成這種意思，但無論如何都必須承認脈絡已經影響了意義。

「文意測驗」的合理性。

第一個爭議是關於**詮釋目的**。

一般說來，不同的詮釋理論預設了不同的詮釋目的，例如眞實意圖主義認爲詮釋是爲了找出作者意圖，這通常是因爲他們認爲文學理解跟日常溝通並無二致；慣例主義則認爲詮釋是爲了找出文本呈現出的意義，因爲審美滿足感才最重要，以作者意圖爲主就會偏離文本帶來的樂趣……

問題來了，只能有一個詮釋目的嗎？可以同時擁有多個詮釋目的嗎？是否可以說某些目的比其他目的重要？

第二個爭議是關於**作品的意義**（meaning）。

什麼是「意義」？這牽涉到我們如何給出一套關於文學語言的意義理論。上述的脈絡主義已經給了一個選項：作品的意義是「言說意義」（utterance meaning）。去理解一部作品，等同於去理解在某個時空被說出的一句話，而不是去脈絡化的字串。但是言說意義該如何定義也有爭議，例如，說話者的意圖是否（至少能部分地）決定意義？另外，也有一些哲學家拒絕用這樣的「言說模型」（utterance model）來討論文學作品，他們便不見得會考慮脈絡，轉而尋求其他標準。

第三個爭議是關於**作品是否只會有一個正確詮釋**，或者是**可以有不只一個合理的詮釋**。前者稱爲「評論的一元論」（critical monism），後者稱爲「評論的多元論」（critical pluralism）。慣例主義者以及大部分的眞實意圖主義者都是一元論者，但是也有不少人主張多元論。如果我們同意詮釋者可以同時擁有不同詮釋目的，我們理所當然就會變成多元論者，如此一來，我們會說考題設爲單選並不合理，因爲可以有複數答案。

不考文意測驗，那考什麼？

討論到這裡也許有人會說，如果文意測驗不合理，那托福、雅思的閱讀測驗也都可以廢掉了啊？那些閱讀測驗不也常包含文意測驗的題目？問題是，並非所有的閱讀測驗考的都是文學作品，而詮釋學的焦點正是文學詮釋。當然，這並不是說其他語言範疇的詮釋就沒有爭議，但文學語言的詮釋是爭議最大的。如此一來，是否該使用文學作品來考文意測驗就非常值得商榷。

我反對用文學作品來考文意測驗，因爲現行的考法等於強迫考生接受某種特定的詮釋立場，但是從本文的討論，已經可以看出關於怎麼詮釋文本這件事爭議非常多，也很難想像會有確定的結論。因此，在出題時預設任何特定的詮釋理論，都是危險的。

也許有人會說，為什麼一定要把考題想成是強迫，而不是看成在測驗「給定這種立場，答案會是什麼」？問題是，考題的脈絡還有整個國文教育的方式並沒有給我們這種思路，很有可能考生（甚至出題者）無法意識到理解文本的不同方式，甚至連考題的詮釋立場都說不清楚。在這樣的狀況下，要選出所謂的標準答案並不合適。

在文學的範圍內，與其用選擇題讓考生去猜測出題者內定的答案，我建議倒不如廢掉文意測驗，直接把作文的項目改成文本分析，要學生詮釋給定的文本。怎麼詮釋無所謂，但必須給出理據，說明清楚是根據哪些前提（文本線索，甚至外在於文本的資料，如果學生知道的話）來得出結論（作品的意義），再依照論述的嚴謹度與說服力來給分。

不論考生抱持何種詮釋立場，是一元論／多元論都無所謂，只要能夠清楚說明自己的推論即可。如此一來，不但給予學生自由選擇相關立場的空間，也能更確實地訓練文本分析能力與論述能力，這樣應該會比在立場以及答案上顯得「專制」的文意測驗好上許多。

○思想實驗與解說

每個理論都有不同的理論後果，研究者藉由理論後果和觀察的對照，來判斷理論是否有需要修改之處。在這篇文章裡，我們使用假想的情況和可能世界，來判斷各種詮釋理論在什麼情況下會有不同結果。

✓這篇文章可以讓你……

- 知道文學詮釋的複雜和有趣之處。
- 了解「作者已死」如何能被合理理解。

✕這篇文章不能讓你……

- 看得懂新詩，畢竟那真的很難。

第三篇　邱怡嘉

服從權威會有什麼問題？哲學家的權威悖論

不管你同不同意，我們的生活事實上經常服從權威的命令。例如說，我今天騎機車出門戴了安全帽，我之所以這樣做，只是因爲法律規定我要戴，不然的話，我其實不想戴的。

然而，爲什麼我們該服從權威的命令？

當代研究「權威」問題的知名理論家拉茲（Joseph Raz）就「權威」的概念，提出了所謂「服務性權威觀」（service conception of authority），其主要論點是：

「權威的命令」是權威衡量人們原本就具有的行動理由之後，做出明智判斷並下達的。換句話說，所謂的「權威」，只是在幫助人們更有效率地生活。

根據上述看法，我本來就有行爲的理由去戴安全帽，只是我自己不見得意識到，或者不見得讓該理由擁有足夠地位。是權威促使我對該理由做出恰當反應——權威是在幫助我。

對拉茲來說，「服務的權威觀」其重要優點在於，它可以合理地化解權威與個人自主間的衝突。不過，拉茲爲什麼想要「化解權威與個人自主間的衝突」？或者說，爲什麼權威和自主之間有衝突？

其實拉茲所面對的，乃是法律哲學發展的歷史上，一堵稱爲「權威悖論」的高牆，也是每一個研究權威問題的人不得不面對的難關。

「權威悖論」讓哲學家成為無政府主義者了！

一九七〇年前後，哲學家沃爾夫（Robert Paul Wolff）進行了一連串關於政治權威（political authority）與道德自主性（moral autonomy）的研究，他想回答的問題就是：

「個人的道德自主性如何能與國家的合法權威相容呢？」

儘管沃爾夫懷抱著「解答就在下一個角落」（a solution lay just around the next corner）的樂觀想法開始研究，但最後他承認自己失敗了。沃爾夫無法找到任何在理論上正當化國家權威的主張，並且，身為講求邏輯一致性的人，他最後成了一個「哲學無政府主義者」（philosophical anarchist）：如果自主性很重要，而且權威註定和自主性衝突，那我們就永遠不該服從權威。

沃爾夫這份研究最後以《為無政府主義申辯》（*In Denfense of Anarchism*）之名出版，此書提出的「權威悖論」，成為嗣後研究「權威」的學者必須面對的難題。

權威vs.自主

沃爾夫的「權威悖論」主張，個人的道德自主性與國家的合法權威不相容。要理解這個結論，首先得澄清「權威」（authority）與「權力」（power）的差異：

權力：運用強制力，或以強制力相威脅，來強迫他人遵從的能力。

權威：發布命令的權利以及要求服從的權利，或者說是擁有「統治的權利」（right to rule）。

舉例來說，強盜用槍指著某A要求他交出錢包，就是透過強制力迫使某A遵從，在此情況下，即使我們承認某A的行動受到強盜支配，但這不意味著強盜對某A擁有權威，某A也並不因此有義務向強盜交出錢包。易言之，某A是被迫（be obliged to）交出錢包。

但權威的狀況不一樣。當國家要求某A繳納稅金，否則就要對其施加罰款，即使某A不願意繳稅，也相信不繳稅不會被罰，但因爲國家對某A擁有權威，具備要求某A繳稅的權利，而使得某A不繳稅的行爲，成爲一種違背義務的行爲，也就是說某A是有義務（have obligation to）繳稅。

簡單地整理以上論點：

一、人或許事實上不得不遵從權力，但其實人沒有義務遵從權力。

二、即便人有能力抵抗權威，但人依舊有義務遵從權威。

由此我們可以理解，爲何在哲學上「權威」會被視爲「規範性」（normative）的概念：權威發出的命令則被認爲是「應該這麼做」的。既然「權威的命令」本身就足以產生服從的義務，那麼這意味著什麼呢？沃爾夫認爲：

「服從權威不僅意味著去做某人要求你去做的事情，而是你做這件事情，是因為權威要求你去做，不是這件事本身值得去做。」

自主與權威悖論

這樣的權威，爲什麼會跟自主起衝突呢？沃爾夫所稱的自主，是指人是「自由」而「理性」的，也就是說：

一、**自由**：人們可以對行動做出選擇。

二、**理性**：人們具有做出最佳選擇的能力，並能對自己負責。

自主因此意味著：一個人不僅要爲了自己的選擇負責，還要必須運用理性判斷，獨立決定什麼是應該做的、什麼是不應該做的。即使一個自主的人向他人請教或遵照他人的命令而行動，但他這樣做乃是基於他認爲「這樣做是正當的、是對的」，而不單單只是因爲「權威要我這麼做」。

由此看來，要成為自主的人，我們似乎應該只服從理性，而不應該承認權威。沃爾夫因而總結道，從本質上，權威與自主是相衝突的，這就是所謂「權威悖論」：

「權威要求服從，而不論其命令內容的好壞；然而，自主要求個人理性考量命令的內容再做決定，不能單單因為是權威命令就服從。」

在自主的要求下，權威的命令因而對個人不具有約束力，也不能產生服從的義務。沃爾夫認為，要解決權威悖論、要不放棄自主，不然就是否定權威，走向無政府主義。

服從權威的理由有可能參照命令內容的好壞嗎？

或許有人會想到，要化解權威和自主的衝突很簡單，只要我們隨時衡量權威的命令內容，並依照命令的好壞，再決定要不要把它當成行動的理由，這樣不就能解決衝突了？法國哲學家哈特（H.L.A. Hart）認為這個方案不會成功。他指出，若你試圖衡量權威的命令內容，會碰到的情況可以分成三種：

- **你發現權威命令是錯誤的：**這時候，因為自主反對人們依據錯誤的理由而行動，權威因而沒有權利要求人們服從。

- **你發現權威命令是正確的：**自主要求人們依據正當的理由行動，那麼既然某個行動是正當的，那人們也無須被權威命令，就有義務這麼行動，這時權威命令存在是多餘的。
- **你發現權威命令部分是對的、部分是錯的：**這時權威命令內容正當的部分是多餘的，內容錯誤的地方是人們不需要服從的。

由此觀之，即便人們可以對權威命令的內容進行考慮後再行動，但這時權威命令要不就是與自主衝突，不然就是多餘的、無意義的存在。因此，「理性考量權威命令再做決定」其實並沒有消解權威和自主的衝突，而是消解了權威。

反思權威悖論

現代國家與法律制度的重要特徵就在於「權威」，對國家與法律的理解也勢必仰賴於我們對於權威性質的理解。沃爾夫的分析爲我們帶出了一項有意義的反省，那就是：面對國家與法律，我們單單因爲是權威發出的命令，就要毫無條件地服從嗎？還是說，我們依舊能夠理性地進行判斷，再決定要不要遵守呢？權威與自主間的衝突該如何調和呢？這些問題都潛藏在我們日常的生活之中，只是大多數時候，我們都未曾意識到罷了。

然而，既然權威與自主有著無法化解的衝突，爲什麼我們不拋棄權威、擁抱自主呢？正如許多研究「權威」的哲學家指出，法律系統做爲一種權威，已經與現代生活交織在一起，貿然拋棄權威不一定能爲我們帶來更好的生活。這其實也是沃爾夫的立場。他所抱持的「哲學無政府主義」乃是基於理論的邏輯一貫性而生，不是眞的要在現實上拋棄權威。

此外，許多致力於消解權威悖論的理論家，例如拉茲，努力探究權威如何能夠與個人的自主相調和，消解權威與自主間緊張的關係；在他們的努力之下，或許我們可以發現一種權威與自主彼此共存的最好方式，而權威悖論將來可能不再會是個令人困擾的問題。

○思想實驗與解說

權力和權威有什麼差別？這個區分，是政治哲學中關於政府正當性討論的重要癥結。本文具體地使用了強盜脅迫和納稅的案例，用「被迫做一件事情」跟「出於義務去做一件事情」來分析當中區別。

✓這篇文章可以讓你……

- 想想自己為什麼要遵守法律。

✕這篇文章不能讓你……

- 警告：你讀完文章之後的任何作為，都與本文無關。

第四篇 周詠盛

老師虐貓給你看，學生應該怎麼辦？

禪宗公案❶之中，最爲有名也最爲難解的應該就是〈南泉斬貓〉了，這是一個老師公然虐貓給貓奴學生看的故事。其之所以難解，倒不在於用詞遣字，而是老師爲何要公然虐貓？他究竟想要對學生傳達什麼呢？

值得說明的是，在某些佛教徒與佛教研究者看來，本文或許有詆毀公案之嫌。其實我無意否認佛學的博大精深，也不否認以下論及的公案有正面價值。我想做的，主要不

❶編按。「公案」本指公門官府的案牘，沒有模範先例的案件。在禪門所稱的「公案」，則是指禪宗祖師的一段言行，或是一個小故事，通常是古代禪師們開悟過程的個別案例。

是一種精準詮釋，而是透過此公案的具體情節，來協助我們反思師生之間的權力關係。

事發經過

在《景德傳燈錄》中，這段故事可以分爲兩幕，第一幕是這樣的：

因東西兩堂各爭貓兒，師遇之。白衆曰：「道得即救取貓兒；道不得即斬卻也。」衆無對，師便斬之。

白話意思大約是，寺內的僧衆分爲東西兩堂，爲了爭養一隻可愛的小貓而吵了起來。用現代的話來說，這些和尙爭著要當貓奴。南泉禪師見到他們不能專心修行，一把抓起小貓並表示：「你們說出個道理來即可救牠，否則我就送牠上路！」結果，沒人敢說話；或說，沒人知道要怎麼回答，於是南泉就把小貓一刀兩斷了。

不過這事還沒完，第二幕如下：

趙州自外歸，師舉前語示之。趙州乃脫履安頭上而出。師曰：「汝適來若在，即救得貓兒也。」

趙州是位比較聰明的弟子，出事時不在寺內。他回來後，南泉對他說了斬貓一事。趙州一聽，半個字也沒說，只把鞋子脫下來放在頭上就走了出去。南泉於是說：「你那時若在場的話，貓就有救了。」趙州的舉動不難理解，他是用肢體語言來表達「過頭」，也就是斬貓這件事做得過頭了。

看完這則公案，大部份人應該都認爲南泉的言行有些莫名其妙。特別是南泉以貓命要脅學生給出答案，卻連問題是什麼都沒講清楚，學生們也是毫無頭緒，不知如何反應。至於趙州的「過頭」之舉，儘管不太正經，卻得到了南泉的肯定。要解釋這兩個情況，我們最好先行分析南泉的心理。

掌握權力的南泉

首先必須注意的是，整個事件都是在師生的「上對下權力結構」中進行的。

在第一幕中，老師抓到了學生的錯處，並要求學生們回答問題，學生們被動且不知所措，於是貓被一刀兩斷。

在第二幕中，老師把斬貓一事告訴另一名學生，在看過此學生的反應後，認定他能夠給出自己想要的答案，所以可以救貓。

從老師與學生的身分認定出發，我們可以重新理解事發過程：

首先，南泉要避免僧眾爭當貓奴而忽略修行，最直接的思路是：沒了貓自然就不可能當貓奴了。這就像時下家長若要避免小孩沉迷於網路遊戲，通常會禁用電腦或拔網路線。儘管不至於砸了電腦，但「讓誘惑消失」這個思路卻是大體相同的。

以這種考量出發，抓起小貓的南泉最想聽到的答案，應該是僧眾們宣示自己不再被貓奴心態控制的決心，或至少提出不被小貓干擾修行的方法。然而，南泉既未詳述問題

何在，加上以貓命要脅，僧眾們又困惑又震驚，一時之間顯然不知如何反應。

據此，雖然文本敘述上看來並不明顯，但我們可以合理推測，當南泉期待反應而僧眾全都發呆，曾有過一段靜悄悄的尷尬時間，讓南泉感到沒有臺階可下。既然南泉已經說「答得出就算了，答不出就砍了」，於是貓就成了維護老師權威的犧牲品。

在這種情況下，一條貓命確實讓僧眾們見識南泉說到做到、毫不手軟，但除此之外，他們眞的有因爲貓的犧牲而學到什麼東西嗎？

後來，南泉特地告訴趙州斬貓一事，但當趙州表示「過頭」，南泉卻說趙州若在場就能夠救貓。「過頭」之舉可視爲是一種抗議，是表達對虐貓的不滿。既然趙州會對此抗議，我們可以合理推測，他若在現場，必定會回答老師的問題。顯然南泉期待的是學生有所回應，並不見得眞的計較答案本身的內容。所以南泉才會認爲，若趙州在場就能夠救貓，因爲他必定會弄個臺階給南泉下，讓南泉不用硬是爲了自己講出的話而把貓斬掉。

以這種想法出發，我們或許也可說南泉其實希望學生反抗自己的權威，因爲斬貓一事看起來實在不太合理，也違反了佛教不殺生的教義。這一點也解釋了爲何南泉特地把這事告訴趙州，因爲趙州不僅不會認同斬貓一事，還會以具體行動來表達抗議。在此意義下，南泉對趙州「過頭」的肯定，其實是要告訴學生：應勇於對不合理的事發聲。

權威所帶來的合理化

對此公案，歷來的解讀通常把重點放在「南泉有何益於修行的深意」，而非「斬貓一事是對是錯」。在此意義下，如果肯定了南泉必有深意，並試圖維護其權威，乃至於對斬貓一事草草帶過，其不合理之處就完全被淡化了。

譬如胡蘭成在《禪是一枝花》中認爲，殺生的確犯戒，僧衆不專心修行也並非貓的責任，但南泉要的是當機立斷、平息煙塵。這代表南泉斬貓對於僧衆的修行，不僅有必要性，更有急迫性。

胡蘭成更說：「那貓兒被斬的一節，你也只應站在南泉禪師的立場，不可站在貓兒的立場。」這完全是以老師一方爲核心的觀點。在此意義下，貓活該喪命嗎？不重要；學生學到什麼呢？不知道。關鍵在於老師用心良苦，言行之間蘊含深刻的禪機，等待學生與後世讀者去發掘。

若教學難以理解，老師一方理當需要改進。但基於權力不對等，責任常常落到學生身上。常見的表述是學生不用功、不肯用心聽，甚至是資質太差。也就是說，即便老師的言行不合理，也常被特殊的權利關係合理化，尤其是學生不知道該如何反應的時候。

以胡蘭成爲代表的這類解讀，正是一個典型案例。不過若從學生一方的觀點出發，就完全是另一回事了。

藉由上述分析，讓我們可以重新想想這些問題：

一、僧衆們由於爭奪小貓而不專心修行，固然是太過喜愛小貓，但殺死小貓一事會因此而具有正當性嗎？

二、小貓命喪南泉刀下後，學生有因此學到任何東西嗎？

三、就算學生可以因此學到東西，要進行教學，只有以貓命要脅這種做法嗎？

按常理來看，上述三個問題的答案都是否定的。所以南泉斬貓一事，帶給學生更多的是困惑、震驚，以及老師在學生面前的權力展示。而後世那些努力想要爲老師權威辯護、合理化斬貓一事的種種解讀，全都加強了這些傾向。

意識到權力不對等

本文並不是要貶低禪宗公案，許多公案是有其合理性和意義的。然而，考慮到禪宗素有呵佛罵祖以破除執著一說，〈南泉斬貓〉這則公案裡，南泉的權威似乎才是我們應該破除的執著，而維護此權威實際上就是棄貓命和學生感受於不顧。

回到本文標題，「老師虐貓給你看，學生應該怎麼辦？」，便是意識到師生權力關係的傾斜，指出老師如何濫用權威，以及對權威的執著可能造成什麼反效果，這才是此公案所能帶來的最大啟發。

回顧近來的臺灣教育界，學生們越來越勇於質疑校方權威，譬如參與課綱審查、廢除服儀規定等等。一種常見的觀點是，學生不守本分、沒有紀律，或是乾脆說：「這樣是要怎麼教學生？」其背後隱含的思維，是師生的權力結構應該要被鞏固。

不過，這種思維眞的有助於我們的義務教育嗎？這是我們未來教改所必須面對的關鍵問題之一。

○思想實驗與解說

禪宗公案算不算是思想實驗，恐怕有得爭議。不過，就以具體情境來促進思考這一點來看，兩者是相似的。這篇文章裡，我們試圖用不同方法分析公案，得到關於教學現場權力不對等的反思結論。

✓這篇文章可以讓你……

• 啓發一個看禪宗公案的新角度。

✕這篇文章不能讓你……

• 真的知道這些禪宗公案在講什麼。

第二章

腦袋打結怎麼辦？

引言

突破牛角尖，你需要的是邏輯！

朱家安

「為什麼人可以吃動物，但是動物不能吃人？」

「因為……因為人有理性，跟動物不一樣？」

「那如果有超人類出現，比人類更有理性，他們可以吃我們嗎？」

「我早就跟你說，你念太多哲學了！」

邏輯這種東西的壞處就是，一旦你想通了，就忘也忘不掉，像開腦洞那樣。

對一般人來說，這種情況叫做「鑽牛角尖」，

對哲學家來說，則是發表論文的機會。

從難解的道德謎題、追烏龜的邏輯推論，到宇宙本質的恐怖。

這一章我們蒐集了幾篇文章，

它們的共通點是鑽牛角尖，而且還鑽出了自己的姿態。

飛毛腿真的追不上烏龜嗎？

第一篇 洪偉

在古希臘，科學尚未興起前，神話與宗教具有解釋世界的重要地位。此時的哲學家帶著獨特角度，對世界進行了與信仰不同的追問：在現象背後，世界眞眞正正是什麼樣子？世界本源（Arche）[1]是什麼？

哲學家的「世界本源」意指構成世界的眞正材質。哲學家對世界本源的猜想五花八門，例如原子論者主張萬物是由某些「基本粒子」構成，而被稱爲歷史上第一位哲學家的泰勒斯（Thales of Miletus）則認爲萬物都是水變成的。不同的哲學家選擇不同的東西來當世界本源，也因此對於世界如何運作有不同看法。

在這些哲學家當中，芝諾（Zeno）非常特別。他的老師巴曼尼德斯（Parmenides）主張萬物的本源是一種叫做「太一」的東西。「太一」沒有空與實、有與無的區別，因此也不會發生變化。巴曼尼德斯和芝諾都認爲，世界上其實沒有眞正的運動和變動，如果你認爲有，就是被假象給騙了。

「世界沒有任何變化？」這種令人髮指的說法若出現在現代，恐怕要讓許多人不知道該怎樣教小孩。爲了支持這個誇張的哲學立場，芝諾想出了好幾個著名的悖論。他提出的悖論，或許可說是哲學家使用思想實驗——協助思考的假想情況——的開端。

阿基里斯與烏龜

芝諾最有名的悖論叫做「阿基里斯與烏龜」。阿基里斯是希臘神話英雄，雖然擁有人類歷史中最脆弱的腳踝，但他是名飛毛腿。

即便如此，芝諾依然主張，只要烏龜先起跑，阿基里斯就無法超越牠：

- 要超過烏龜，阿基里斯必須先到達烏龜本來所在的位置。
- 到達烏龜本來所在的位置需要時間，所以當阿基里斯到達烏龜本來的位置時，烏

❶古希臘文，我翻譯為「本源」，它同時具有第一原理、根源、根本等意義。

啊，糟糕……
那隻狗忘記帶便當了！
阿草，幫忙送便當去給康德。
趁他還沒走遠
不行……
我連烏龜都追不上了……更何況是康德呢。
+10cm
+3cm
+1cm
+10cm
+3cm
羅哥先移動十公分……
當我也移動十公分時
羅哥又移動了三公分……
啊啊追不上啊……
馬、上、出、門。

龜已經又前進了一點點。

- 雖然只是一點點，但是阿基里斯依然需要時間追上去，這段時間不爲零。
- 當阿基里斯再次到達烏龜本來的位置，烏龜又已經前進了一點點。
- 周而復始，每次阿基里斯追上烏龜本來的位置，烏龜都會比本來更前進一點點，要追上去的時間都不爲零。
- 阿基里斯永遠沒有超過烏龜的一天。

因此，芝諾主張，我們對運動和變化的理解是矛盾的，只是錯誤的假象。我們大概不會想接受「只要烏龜先起跑，阿基里斯就永遠沒有超過烏龜的一天」這個荒謬的答案，但又很難迴避芝諾所提出的思維流程。

可怕的是，在之後的一千多年間，人類都無法給這悖論很好的解釋。數學上，芝諾悖論牽涉到的無限小量問題❷，甚至被稱爲「第二次數學危機」❸。

芝諾錯在哪？

不過在今天，我們只需要高中數學的「無窮級數」的觀念，就能解釋「阿基里斯與烏龜」的問題。雖然這並不算是嚴格的解釋，但是基本上思路是正確的。爲了簡化算數，我們以跑得遠比阿基里斯慢的阿草來舉例：

阿草的移動速度是羅哥的三倍，而羅哥比阿草先起跑一分鐘，所以跑在阿草前面十公分的位置。

我們首先考慮阿草奔跑（？）的距離。按照芝諾的算法，阿草跑十公分的時候，羅哥已經又前進$\frac{10}{3}$公分了；而當阿草跑$\frac{10}{3}$公分的時候，羅哥又向前了$\frac{10}{9}$公分；直至無窮。我們姑且將這樣的程序稱爲「芝諾流程」。根據芝諾流程，阿草的奔跑總距離是一個公比爲三分之一的無窮等比級數：

$$0+10+\frac{10}{3}+\frac{10}{9}+\frac{10}{27}+\cdots\cdots（公分）$$

現在我們知道，這個無窮等比級數的值是十五。也就是在無限的芝諾流程中，阿草共跑了十五公分。在這同時，羅哥奔跑的距離也是一個公比爲$\frac{1}{3}$的無窮等比級數：

$$0+10+\frac{10}{3}+\frac{10}{9}+\frac{10}{27}+\frac{10}{81}\cdots\cdots（公分）$$

因此在無限的芝諾流程中，阿草與羅哥都奔跑了十五公分的距離。

那麼，跑這段距離需要多少時間呢？首先，羅哥往前跑十公分，先花了一分鐘。阿草爲了追上這十公分，他必須花 $\frac{1}{3}$ 分鐘。在這同時，羅哥又往前跑了 $\frac{10}{3}$ 公分，需要 $\frac{10}{3}$ 分鐘。阿草爲了追上這 $\frac{10}{3}$ 公分，他需要花 $\frac{10}{9}$ 分鐘。因此在芝諾流程之下，阿草與羅哥都奔跑十五公分的總時間，就是這個公比爲 $\frac{1}{3}$ 的無窮等比級數：

---

❷ 事實上，要凸顯無限小量難題的更好例子是「飛矢不動」。其悖論指出：一支飛行的箭是靜止的。由於每一時刻這支箭都有其確定的位置，因而它是靜止的，也因此箭就不能處於運動狀態。

❸ 歷史上的數學危機總共有三次：第一次是「無理數的存在」被證明出來；第二次是文中提及的「無限小量問題」；第三次則是羅素的「理髮師悖論」：有一名理髮師主張只幫鎮上所有「不幫自己理鬍子的人」理鬍子，那他要不要幫自己理鬍子呢？

$1+\frac{1}{3}+\frac{1}{9}+\frac{1}{27}+\frac{1}{81}+\cdots\cdots$（分鐘）

這個無窮等比級數的總和是$\frac{3}{2}$。總結來說，其實阿草只要$\frac{2}{3}$分鐘，就能追上也跑了十五公分的羅哥，然後下一秒就可以超越他。

芝諾流程與兩種無限觀

不過芝諾流程在哲學上牽涉到另外一個困難的問題。

我再描述一次「芝諾流程」：它是一個無限的序列，也就是說，它的進展過程有無限多次。每一次進展都是一個新的項目：阿草往前進、阿草又往前進、阿草第三次往前進……無窮無盡。

關於無限序列，我想先說明兩種不同的無限觀念，一個是潛無限觀、一個是實無限觀：

- **潛無限觀**：從「這個序列具有內在的無窮過程」來看這個流程；
- **實無限觀**：從「經過上述無窮過程後，整個序列眞正地被完成了」來看這個流程。

這兩種無限觀看起來都很直覺，然而它們眞的合理嗎？

比起實無限觀，我們似乎更容易接受潛無限觀，因爲它比較弱、預設比較少：實無限觀一旦成立，就等於承認有潛無限觀的無窮過程；但反過來說，就算承認潛無限觀，實無限觀也不一定成立。

簡單地說，若你認爲無窮序列或程序的存在並不難理解，而且也合理，那你大概不會反對潛無限觀。但若你認爲潛無限觀沒什麼好反對的，下一個問題就是：那你支持實無限觀嗎？

支持實無限觀會有什麼問題呢？這問題，我們可以將它稱爲「內在超越問題」：

> 如果你承認實無限，那麼「有限」到「無限」之間的鴻溝究竟是如何跨越的？這個跨越似乎必須涉及一種直覺——這個無限持續的過程，在經過某種「超越」以後，就被完成了。

以前面的例子來說，根據數學，「$1+\frac{1}{3}+\frac{1}{9}+\frac{1}{27}+\frac{1}{81}+\cdots\cdots$」這個無限序列的總和是$\frac{3}{2}$。然而，一旦你承認這個明確的總和是眞的加總完畢而存在，那麼你其實就預設了實無限觀。否則，單從潛無限觀看來，就算一項一項相加下去，也沒有任何時候會眞的抵達3/2，頂多只是無限地接近它。

然而，如果只接受潛無限觀，而不接受實無限觀，我們又如何說明這個加總的意義呢？如果無限是無法完成的，那麼，從數學上，我們要怎麼說明阿草可以追過羅哥？

無限的內在超越，無論你接受與否，各自都產生了要面對的難題。

思維能力的本質

接下來這一段，寫給想進階思考更困難哲學問題的讀者。

事實上，前述爭論在哲學史上以各種不同的模式一再出現。其中一個最深刻的高峰，是在德國啓蒙時代，康德（Immanuel Kant）與黑格爾（Georg Wilhelm Friedrich Hegel）的思想對立。

康德基本上是實無限觀的反對者，他反對「內在超越」的思維，而是以「外在統攝」來解釋涉及無限的判斷。他並不認爲有任何無限可以合法地被我們完成，而應該透過外在的概念結構，讓我們得以做出類似「最終得到……」的判斷。然而，這並不意謂無限眞的被我們完成了，而只是潛在地可完成、但我們有限的理智無法完成。

內在超越需要某種無限思維，而無限思維是容易犯錯的、不可靠的。康德曾經舉過這樣的例子：

一隻鴿子可能以為在沒有氧氣的空中可以飛得最快。

相反地，黑格爾是實無限觀的堅定支持者，他認爲康德說的那種無限思維，並非是內在超越的全部。事實上，我們具有能做出合理內在超越的「無限理智」。

康德的說法無法解釋有限如何達致無限判斷的問題，這是一種理智上的怯懦，甚至忽視了無限理智的創造力，特別是——透過無限思維創造概念的能力。

認爲無法透過內在超越得出關於無限的判斷，事實上誤解了無限理智的眞正功能。無限理智並不意味著無限的過程可以不受概念的規定，一旦我們能夠遵守這個序列進行的概念規定，那麼，我們的理智應該勇敢地進行無限思維，「唰」地一下完成一整個無限過程。

舉例來說，考慮一條往兩頭無限延長的有限線段，最終經歷了無限的過程，是否成爲無限長的直線？

對黑格爾來說，這是肯定的，線段的無限延長，在無限的過程中可以超越線段，而成爲一條直線。但對於康德來說，線段無法透過延長成爲直線，然而，直線永遠都可以包含有限的線段，因此線段會無止盡地延長，而繼續被直線包含著，但沒有能成爲直線的一天。

你覺得誰說得有道理？

表面上，芝諾悖論的問題似乎可以用數學簡單地得到結論，但深入來看，事實上卻牽涉到思維能力的本質：無限思維是可能的嗎？

每當我們採取了一種無限理論，我們似乎就必須問問自己，我是如何思考無限的？怎樣才是合法有效的思維呢？

○思想實驗與解說

芝諾悖論是涉及「無限」概念的思想實驗，它告訴我們，關於無限的思想實驗有時候不太可靠，我們需要更多的分析方法，來建立更正確的直覺。然而，如果我們需要倚賴的其實是分析方法，那思想實驗還有必要嗎？

✓這篇文章可以讓你……

- 了解「阿基里斯與烏龜」這個有趣的悖論。
- 對於無限的概念得到一些啓發。

✕這篇文章不能讓你……

- 跑得更快。

克蘇魯神話形上學：大宇宙如何嚇瘋我們？

第二篇　洪偉

克蘇魯神話（Cthulhu Mythos）是小說家洛夫克拉夫特（Howard Phillips Lovecraft，一八九〇年八月二十日出生，據說還活著）創造的神話世界觀總稱。你或許從來沒聽過克蘇魯神話，但其實它深深地影響了我們這時代。異形、魔獸世界、大萌神長門有希、觸手play等，都有克蘇魯神話的影子。以克蘇魯神話爲題材的遊戲也不少，例如渾沌元素（chaosium）出版的角色扮演遊戲〈克蘇魯的呼喚〉（Call of Cthulhu）[1]。甚至有一種恐怖風格，就叫「洛夫克拉夫特式恐怖」。

「克蘇魯神話」命名自「偉大的克蘇魯（Great Cthulhu）」，在系列神話設定中，祂來自廣漠宇宙，長眠在太平洋南方的海底。神話中有各種像克蘇魯這樣強大的神祇，能夠無視自然定律，有些甚至還能支配自然定律。不同於一般宗教信仰的神祇，克蘇魯世界的神對人類生活漠不關切。如果祂們的強大力量摧毀了地球，比起故意爲之，還更可能只是因爲不小心。就像你一邊上網一邊抖腳，結果壓死了路過的螞蟻，你甚至根本不會注意到。克蘇魯神話強調，這種漠不關心才是神明眞正的樣子（祂們才不會管同性能不能結婚什麼的）。

然而，這些神依然受到人崇拜，我們可以將這些人叫做「克蘇魯教徒」。他們是眞正意義下的邪教徒，失去了所有人性的可愛之處，爲了召喚邪神，不惜採用活人獻祭之類的可怕手段。任何有人性與理智的人，大概都會拒絕成爲這樣的邪教徒。對吧？

對克蘇魯教徒來說，邪神存在的證據，在人類文明的進展中不斷被排擠，只留下難以解讀的斷簡殘篇與破碎事件，和一個又一個被輕輕推開的問題：被獵殺的女巫所施行的咒術是什麼？爲什麼會有怪異巨石陣與超古代文明遺跡？教徒們相信，文明和科學並沒有幫助我們更了解世界。事實上完全相反：就是因爲文明和科學的排擠和掩蓋，使得人類到今天還是不了解宇宙的恐怖眞相。

❶ TRPG里山咖啡社無限期召募團員中。

如果你是正常人，你八成相信這些神祕東西的存在滿扯的。我同意。

因此，這篇文章並不是要主張這些邪神眞的存在、宇宙眞的如同克蘇魯神話描述那般。我要討論的是，克蘇魯神話身爲一種嚴肅的、具體的世界觀，在撇除小說中爲了氣氛營造所需要的誇張情節和觸手後，有哪些核心特色，以及這些特色和哲學的關聯。

簡單地說，克蘇魯神話認爲「關於世界的眞正知識」，注定無法成爲人類知識的一部分。這不但是因爲文明拒絕接受這些知識，也是因爲我們的人性情感不願意接受這樣的世界。人類無知最根本的原因，並不是文化意

義上的，而是在於演化上的：人類的理智具有絕對的缺陷，使我們系統的、全面的解釋將徒勞無功。甚至只要稍微瞥見一眼宇宙的眞實，就會立刻陷入瘋狂。

洛夫克拉夫特如此斷言：宇宙的本質是恐怖的。

然而，「宇宙的本質是恐怖的」意謂著什麼？為何會瘋狂？如何理解克蘇魯教徒眼中的世界？克蘇魯神話，究竟是怎樣的形上學（Metaphysics）？

形上學：我們該如何理解世界

形上學是哲學最古老的學問之一，形上學家核心的關懷，在於「我們應該如何理解『眞正的』世界」。

之所以有「眞正的」和「虛假的」之別，是因爲哲學家很早就認爲，我們認識到的各種現象都是偶然的，甚至摻雜我們自以爲是的想法，基於認知能力的限制，若不主動做些什麼，我們沒有辦法認識「眞正的世界」。

舉例來說，我看過一隻叫做凱蒂的小貓，但是世界上還有許許多多的貓。我看到的這隻貓不同於其他所有的貓。當我想知道關於「貓」的事情，我就不能只知道凱蒂的事情，我還必須研究更多的貓。但是無論我看過再多貓，我還是無法看過所有的貓，因爲有些貓已經死去了、有些則還未出生。我如果要眞正理解關於貓的事情，我因此不能只掌握偶然的貓之事（像是個別的長相、毛色、動作等），我必須要掌握更加必然的、不變的事（像是機制、品種、習性等），這才更接近眞正世界。

因此，形上學家認爲我們必須進行哲學思考和科學研究❷，透過各種「認識方法」來理解這個世界。

在形上學家面對的問題中，最困難的，是關於「超越界」的問題：沒辦法用知覺、經驗和實驗來了解與發掘的領域。例如：上帝存在嗎？有靈魂嗎？大自然的存在有目的嗎？有「因果關係」嗎？

這些問題之所以難，是因爲形上學家的答案會受到懷疑論者的高度檢驗：「你怎麼知道世界是你想的那個樣子呢？」在懷疑論者眼裡，如果你堅持世界的眞實如你所說，但是又沒有辦法眞的排除其他可能性，那麼，你的說法就是一種獨斷論：在沒有好理由支持的情況下選邊站。

一個例子：目的論vs.機械論

舉例來說，我是一名目的論者，主張自然有其目的。一顆種子長成一株植物，然後開花、結果，而後凋謝。我可以說，這顆種子之所以這樣做，是爲了完成它的一生。同樣的道理，自然界的現象是不是都能這樣思考呢？一顆石頭落下，可以理解成該物體主動地依循了物理的法則？

相對的，你可能是一名機械論者，你主張自然就是機械性地運轉著，這些自然原理只是我們歸納出來的經驗定律，不需要假設裡面的東西是爲了達成什麼目的，而依循這些原理。

不過面對我們的爭論，懷疑論者會認爲兩邊一樣爛：兩邊都沒有決定性的證據支持。即便機械論者強調「目的」是不必要的設定，就算不假設，我們也能找出高度準確的自然定律。這代表了就算不解釋萬物運行的目的，還是有辦法解釋萬物的運行。這聽起來好像有道理，然而，如果目的論眞的是對的，世界萬物的運行眞有其目的可言，那麼這些目的顯然沒被自然定律解釋到。換句話說，除非機械論者先預設目的論是錯的，否則其實無法主張自己眞的爲世界提供了充足解釋。

❷最早，在科學還未分科、科學方法還未走上實證道路的時候，科學與形上學是密不可分的學問。

這樣的問題會發生，就是因爲關於「超越界」的知識，本質上就是儘管我們窮極認識能力，都還是會缺少決定性證據的信念。

克蘇魯神話與大宇宙恐怖

對於這個超難的形上學問題，克蘇魯神話的答案很乾脆：我們無法回答關於超越界的問題，窮極一切理性能力都無法知道答案❸。當然，很多理論都宣稱人類的理智有限。不提務實的科學理論，就算是支持上帝或靈魂存在的理論，也常常強調有些東西處於人的理解範圍之外：有些東西我們無法認識，因爲我們的能力有限。

與這類懷疑論不同，克蘇魯形上學肯定人類有能力認識宇宙眞相洩漏出來的一些片段，只是我們的理智拒絕接受這些認知。在這裡，我們之所以無法理解世界，不是因爲我們的知覺有限，而是理性出了問題。在這樣的觀點下，我們的科學知識不再具有「認識世界」的積極意義，只有「保護在我們認知當中還能接受的世界」這樣的消極意義。

在決定「世界是如何」的問題上，我們遠比自己以爲的還要倚賴道德感、美感和安全感。我們喜歡世界依照我們過去認知到的規律運行，習慣看到石頭落下後停在地上，這讓我們感到安心。若目擊石頭浮在空中，我們會開始這樣猜想：是不是有吊鋼索？是不是出現了誇張的上升氣流？我們會依照常識提出解釋，直到解消異象為止。如果做不到，我們可能會開始害怕。

克蘇魯神話認為，要是人放棄對安全的渴望、對理智與科學的信任，努力去整理世界上那些怪異的線索，那麼，人確實有可能認識到形上學家探尋的超越界，也就是世界的本質。然而，基於世界的本質恐怖得超越人能承受的範圍，只要瞥見真實的一角，就足以讓你驚叫、昏厥，甚至完全瘋狂，成為一般人眼裡的瘋子，甚至邪教徒。

這樣想起來，我們對超越界的無知，其實是一種幸運。

> 在我看來，世上最仁慈之事莫過於人類無法將其所思所想全部連貫起來。我們生息之地如漆黑、無盡浩瀚中的一個平靜無知之島，然而，這並不意味著我們有遠航的必要。
>
> ——洛夫克拉夫特，《克蘇魯的呼喚》

❸這樣的主張其實不算極端，德國重要哲學家康德就採取類似的主張。

如果我們願意相信，對無知的恐懼或許是一種徵兆，這種神祕的心理作用正在試圖保護我們：從我們這個物種在遠古曾遭遇過的悲慘中保護我們、從我們陷入瘋狂以前保護我們。當我們畏懼、我們逃離、拒絕聯繫起關於眞相的線索，對我們來說，眞是再好不過的。

總歸而言，克蘇魯神話形上學不只是一個懷疑論，還是一個具有正面意義的形上學主張。它不只說明我們爲何是無知的，還說明了我們爲何必須接受這樣的無知。在這形上學中，人類是渺小的、無足輕重的，面對自然也不再有任何的宰制地位。

更多時候，我們該慶幸與感激的，是這個宇宙在無意間放了我們一條生路，讓我們可以做爲「萬物之靈」，安安穩穩地、有尊嚴地生活著。

○思想實驗與解說

透過想像大宇宙的思想實驗，我們可以得到一些對自我情緒的反應。在克蘇魯神話的超恐怖中，這些反應來自於「不合理的事情卻是現實的」，甚至「真正現實的反而是超越理性的、拒絕被理解的」這樣的預設。這預設召喚了我們的恐懼，而且是最原始的那一種。

✓這篇文章可以讓你……

- 對超自然恐怖有更多理解。
- 初探康德的純粹理性批判。

✕這篇文章不能讓你……

- 克服直面宇宙真理的終極恐怖。

無限殺人遊戲

第三篇 賴天恆

假設我是一個喜歡製造道德困境的小惡魔。我逮住了妳，又隨機抓了另一個人，稱他為「倒楣鬼」。我跟妳說，來翻一下銅板吧：

- 妳如果翻到正面，我就把倒楣鬼放了，遊戲結束。
- 妳如果翻到反面，我就隨機殺一個倒楣鬼之外的人，然後要妳再翻銅板。
- 妳可以拒絕（再）翻銅板，但只要妳拒絕，我就把倒楣鬼殺了，遊戲結束。

妳該怎麼做？

這是澳洲國立大學哲學家勒薩（Seth Lazar）在〈安東遊戲〉（Anton's Game, 2016）一文提出的思想實驗。這個遊戲的靈感來自電影《險路勿近》（*No Country for Old Man*）裡，壞人奇哥（Anton Chigurh）要無辜的被害人翻銅板決定生死。當然，勒薩的思想實驗比電影更複雜，而且做了一些只有「無聊哲學家」才會做的假設：

- 銅板是公正的。也就是說，任何一面朝上的機率都是〇．五。
- 任何被捲入的人，餘生都同樣值得活。
- 妳跟那些人沒有任何私交。
- 妳確定生死會確實按照遊戲規則判定，不會有例外或差錯。
- 有無限多的人可依序隨機被殺死。
- 妳可以做出無限多次決定。

期望值怎麼算，都是死一個人？

先來看看妳的選項：

A、**拒絕翻：**只有倒楣鬼死。

B、**翻到底：**一直翻銅板，翻到倒楣鬼被釋放。

C、**翻個幾次：**翻銅板，但最多只翻個幾次就拒絕再翻。

記得，A最簡單，只有倒楣鬼確定會死。B和C比較複雜。B的話有可能沒有任何人會死，但也有可能妳連續翻到好幾次反面，結果死了很多人。C的話，有可能沒有任何人會死，有可能死了幾個人後，倒楣鬼得以存活，但也有可能死了幾個人後，倒楣鬼最後還是死。

據說臺灣人數學都很好❶。這個遊戲的期望值大家都算得出來：

一、**拒絕翻：**確定會死一個人，期望值就是會死一個人。

二、**翻到底：**銅板無限翻下去的話，死亡人數窮盡所有可能性會是 $\frac{0}{2}+\frac{1}{4}+\frac{2}{8}+\frac{3}{16}+\cdots\cdots+(n-\frac{1}{2^n})$，加起來期望值也是會死一個人❷。

三、**翻個幾次：**這個情況可以這樣想：翻一次就拒絕再翻，死亡人數可能性是 $\frac{0}{2}+\frac{2}{2}$（一半機率沒人死，另一半機率隨機殺一個人再加上倒楣鬼得死），也就是期望值——一個人會死。翻兩次就拒絕再翻的可能性是 $\frac{0}{2}+\frac{1}{4}+\frac{3}{4}$（一半的機率沒人死，四分之一的機率隨機殺一個人，四分之一的機率隨機殺兩個人，再加上倒楣鬼死），仍然是期望值——一個人會死。以此類推，不管妳決定翻幾次一定得停，期望值永遠是一個人會死。

就此而言，如果光看期望值，不管選一、二還是三，都是一個人會死，好像就眞的沒差：喜歡怎麼做就怎麼做吧。

人命不只是期望值？

等等，人命可以這樣「算」嗎？我先說勒薩給出的答案好了。勒薩認為妳該翻幾次就拒絕再翻，理由是已經夠多人為了倒楣鬼而死了，妳已經給倒楣鬼夠多次機會了。當然，勒薩也認為，他自己的答案並不是那篇文章的重點，重點在於雖然期望值顯示怎麼選都沒差，但大概很少人眞的這樣認為。

這個落差顯示了在做道德決定時，除了期望值之外，似乎還有別的東西要納入考

❶ 我想我一定是例外。

❷ 就這樣想：翻一次的話，有一半的機率沒人會死（所以整體來說，有一半的機率沒人會死），但有一半的機率會死一個人，然後得再玩一次。到了第二次，有一半的機率會是死的那個人已經死了，如果正面朝上，遊戲就會結束（所以整體來說有四分之一的機率遊戲就這樣結束，死一個人），但有一半的機率會再死一個人，然後得再繼續玩。以此類推。

量。勒薩舉了一些例子：

- 我們對風險的態度是怎樣？我們想確保最多死一個人？最多死幾個人？還是樂於擁抱任何風險？（如果我們對風險偏向保守的話，就會選擇不翻或最多只翻幾次。）
- 我們會覺得多死幾個人之後，人數就只是個統計數字，所以每個人的死似乎不像只死一個人那麼嚴重嗎？（如果我們覺得多死幾個人就只是統計數字，大概就會傾向一直翻。）
- 我們光是讓人陷入被殺死的風險之中，是不是就在道德上得罪了人？試想妳剛好就是第一個可能被隨機

殺死的人。如果我選擇翻銅板，難道不是在道德上得罪了妳？即使妳幸運活下來了，妳還是會不爽吧？（如果我們覺得讓更多人陷入死亡風險是不對的，大概就會傾向不翻。）

- 還是我們該把存活與死亡的機會，讓所有人共同承擔？（讓所有人共同承擔似乎支持一直翻，或至少多翻個幾次。）
- 想想看連續翻八十一次反面的機率有多低。承受這種被殺的機率好像也還好吧？這種超低死亡機率是不是忽略算了？我們要讓這種超低期望值影響到道德抉擇嗎？（這樣似乎會讓人覺得一直翻也沒什麼不好，因爲忽略一些超低死亡機率，會讓加總後期望值小於一。）
- 如果突然停下來，之前死的人不就是「白白死去」嗎？（不想讓人「白白死去」的想法，應該會讓我們堅持繼續翻下去。）
- 爲了拯救倒楣鬼，已經死了這麼多人了，我們還能讓更多人陷於危難嗎？（「死夠多人了」的思考，大概會讓我們最多只翻幾次。）

我相信還有更多的東西值得考量，而對於每個問題的不同答案，都會影響到我們會怎樣選擇。妳可以思考一下，妳覺得該怎麼選？爲什麼？

無聊問題？

如同我先前所說，勒薩的思想實驗有好幾個只有「無聊哲學家」才會做的假設。舉例來說：哪來無限多個人讓我慢慢殺？確實就這個角度去看，這個思想實驗（以及許多常見的思想實驗，比方說電車難題）很無聊。

然而，正好就是在這種「幾近眞空」的思想實驗室裡面，我們才能釐清自己對風險、期望值的態度是什麼，以便進一步思考道德上要怎樣把風險、期望值納入考量。勒薩認爲，這就跟我們切身相關。當我們選擇上街抗議，選擇改變公共衛生政策，甚至選擇發動戰爭時，往往都是設法追求一些值得追求的東西。

然而，同時我們確實也知道未來充滿不確定性。我們沒有把握這一次就會成功。我們知道失敗的代價，不只是讓我們自己灰頭土臉，更可能會殃及無辜。

我們能夠嘗試幾次？或更重要的是，我們該（不斷）嘗試嗎？

○思想實驗與解說

這篇文章提供了你一輩子大概都不會碰到的怪異情況。但是恐怕只有這些怪異情況才能有效逼迫我們去思考，風險到底是怎麼一回事。當你的判斷隨著情況裡的各種元素變化，或許也意味著，這些元素反映了你對風險的重要認知。

✓這篇文章可以讓你……

- 重溫過去上數學的感覺。
- 想想我們到底是怎麼衡量風險的。

✕這篇文章不能讓你……

- 保證這輩子都真的不會碰到文章裡那些很衰的情況。

第四篇 周詠盛

天人合一＋人禽之辨＝被吸血外星人豢養的可怕未來？

有些人可能會以爲思想實驗是西方哲學的專利，但當代學者馮耀明認爲，思想實驗是一種普遍方法，當然可以應用在中國哲學之上。他也在一篇論文裡，親身演示此做法：假想了一個「外星人吸取人血維生的情境」，指出中國哲學當中「新儒家」流派的理論困難。

德古來外星人的理想世界

德古來（Dracula）是一個科技強、道德修養更強的外星人種族（以下簡稱德人），他們對「天人合一」的理論體系絲毫不疑，以天地萬物爲一個具有緊密連結的整體，更能知行合一，堅持在日常生活中貫徹仁民愛物的思想。不過，德人和地球上的生物一樣，需要汲取資源來維持自己的生命。他們的唯一食糧，是狄勤士（Djickens）這種生物的鮮血。

德人於是建立了龐大且完整的生產系統，確保狄勤士身處舒服又自由的飼養環境，並讓狄勤士在被吸取鮮血乃至於血盡而亡時，也毫無痛苦地結束生命，更定期舉辦「狄祭」以示感恩。儘管偶有異端指出吸血維生與仁民愛物似有衝突，絕大多數德人一概如此回應：仁愛有輕重厚薄之分，所以要優先考慮德人的需求。

世事難料，因某次科學實驗的意外，超級病毒「德滋」（Daids）出現了，這使得狄勤士大量死亡，德人頓時面臨了斷糧滅族之災。當然，德人可不會坐以待斃，

他們隨即探索六合八方的星球以求良解，最後發現狄勤士和地球人在生理構造上完全相同，也就是說，地球人完全可以是德人的食糧來源！這個消息讓德人舉族歡騰，馬上預備要在地球建立殖民地。

一般的地球人恐怕不會同意此做法，然而馮耀明認為，如果你全心全意支持新儒家的理論，那麼，就只能允許自己變成外星人的食糧。

新儒家的基本想法

馮耀明指出，新儒家的兩難，最初來自他們支持的兩個基本道德概念：「人禽之辨」和「天人合一」。

「人禽之辨」主張人和動物的重要差別來自道德。常見的文本根據如《孟子．離婁下》：「人之所以異於禽獸者幾希，庶民去之，君子存之。」此指人的道德行為是出於理性、有自覺的，但動物頂多只是依照本能做出類似道德的行為。據此，人具有道德能力，而動物則否。因此，根據「人禽之辨」，比起動物，我們更有理由優先考慮人類的需求。

「天人合一」則複雜一些，它有幾種不同用法。在（古代人的）日常生活中，有時它被用來形容「極好」「極恰當」。譬如岳飛之孫岳珂，就曾以「天人合一之機」來描述出兵的情勢。在一般性的中國哲學研究上，「天人合一」大致相當於「天人合德」，指一種自我修養上的理想境界，如孔子的「七十而從心所欲，不踰矩」。

但馮耀明這裡談的「天人合一」，卻是專指新儒家❶支持的一種「泛心論」：天地萬物做為一個具有緊密連結的整體，共享同一道德心靈，萬物之間沒有本質上的區別。以下討論的「天人合一」就是這種。

以新儒家推崇的王陽明之說❷為例：

> 大人者，以天地萬物為一體者也。其視天下猶一家，中國猶一人焉。若夫間形骸而分爾我者，小人矣。大人之能以天地萬物為一體也，非意之也，其心之仁本若是，其與天地萬物而為一也，豈惟大人，雖小人之心亦莫不然，彼顧自小之耳。（《大學問》）

❶「新儒家」一詞或有歧義，在本文的脈絡裡，專指熊十力及其學生唐君毅、牟宗三一脈。

❷以王陽明之說為泛心論，是新儒家對王陽明的一種詮釋，但有些學者並不認同此做法。

熊十力則曰：

每一個人，都是與天地萬物共同稟受一元內含之大生力。此大生力無定在而無不在。其在每一個人的獨立體中，為彼自有的大生命。其遍在天地萬物，為一切物共有的大生命，亦可別稱宇宙大生命。（《體用論》）

由此可見，「天人合一」肯定了有一內在於所有事物、做爲宇宙發展根本動力的心，強調天地萬物共享此道德心靈，因而取消了萬物在本質上的區別❸。它的一個理論結果是，人之道德實踐不能只顧自己，更要考慮全人類甚至萬物的最大福祉。當然，話雖如此，在人禽之辨的原則指導下，福祉的滿足還是有先後次序可言的。

如果吸血外星人入侵……

馮耀明所設計的這個思想實驗，試圖凸顯這一點：根據人禽之辨和天人合一，地球人必須優先考量德人的福祉。因此，若德人需要地球人的犧牲才能存活，這不但在道德上可允許，而且地球人應該配合。

在馮耀明的思想實驗設定裡，德人篤信「天人合一」，並且在修養上都達到了「聖人」的境界。對德人來說，在「福祉滿足次序」上，顯然是先德人而後地球人。那麼，對地球人來說又是如何呢？如果你秉持康德義務論或是效益主義，可能會有不同判斷；但如果你相信新儒家，重視「天人合一」和「人禽之辨」，而又無法否認德人較爲優越，那麼，似乎就無從否定德人的「福祉滿足次序」，甚至應該自願變成德人的食糧。這看來是頗爲荒謬的情況。也就是說，「天人合一」加上人禽之辨，會導致以下這個道德義務：

對任何具有道德能力者而言，要讓「道德能力或修養較高者」在福祉分配上獲得優先權。

❸有人可能會認為，這等於說植物、礦物也有某種道德地位，是件很怪的事。不過，王陽明的確有類似說法：「人的良知就是草木瓦石的良知，若草木瓦石無人的良知，不可以為草木瓦石矣。」這可能有不同詮釋，而且也非本文重點，所以本文姑且懸置此問題。

此思想實驗試圖塑造一個「非德人死則地球人死」的情況，當「天人合一」指向德人和地球人的福祉應該一併考慮，而優先權又在德人那裡，犧牲地球人性命就變成了一個可能選項。

為何思想實驗能夠反映出困難

人禽之辨代表人和動物有著本質區分，人具有充分的道德能力而動物沒有，所以「福祉滿足次序」要給人類優先權；但若採取「天人合一」，此理論將迫使人禽之辨變成相對的。因爲我們就不能從「是否具有道德能力」，來判斷人與動物的本質差異（因爲「天人合一」主張萬物之間無本質差異）。據此，「福祉滿足次序」將難以讓人類擁有不容抹殺的優先權。甚至，若德人眞的存在，此優先權還可能被他們占走，因爲我們原則上不可能否認德人具有道德能力，而德人似乎比我們還可以把道德能力發揮得更好。

相反的，若新儒家取「人禽之辨」而不取「天人合一」，就可以避免困難。一方面人和動物可以維持本質區別，使人禽之辨的區分標準仍維持在「是否爲具有道德能力者」上；二方面人類的「福祉滿足次序」，也不必然要優先考慮外星人，因爲人類可以堅持此次序的標準是以自身種族爲先。

也就是說，若不取「天人合一」，儒家原本所持的道德要求或義務是：

對任何具有道德能力者而言，要讓「與他同種族者」在福祉分配上獲得優先權。

相較於「天人合一」的要求，這一觀點顯然比較符合我們的道德直覺。值得注意的是，福祉的追求，常常帶來其他物種的某種犧牲。而在我看來，「天人合一」的道德要求，並無規定這種犧牲是否應有一最低限度。如果加入一個但書：「沒有任何一個具有道德能力者，應該爲了其他具有道德能力者的福祉犧牲生命。」即可避免它要求地球人爲了德人犧牲性命，這似乎是馮耀明在設計此實驗時沒有注意到的部分。此外，我們也可以再加入一些設定，使某些雙贏方案變得不可能（譬如用血庫的血支援德人），這將能夠使討論更爲聚焦。

讓我們討論更多、思考更廣

隨著科技的進展，有越來越多動物被確認爲具備人類生物的複雜能力與行爲，這多少挑戰了人禽之辨的設定。但儒家的立場向來是以人爲本位，堅持人與動物的差異。至少從馮耀明的文章來看，此思想實驗是要凸顯儒家內部的義理之爭，預設人禽之辨，把問題放在是否應該接受「天人合一」❹。

當然，若能夠激發更多對儒家義理的反思，譬如人禽之辨在何意義下成立，或是儒家該如何看待高智慧外星人，就算不見得符合此思想實驗初衷，相信也是馮先生所樂見的。如同網路上出現了電車實驗的各種改編版本，儘管不見得把握了實驗設計者的原意，但同樣可以引發許多有價值的討論。

❹ 新儒家式的「天人合一」的確可能有一些特別的好處，但它同時也改變了人禽之辨的判定方式，因而導致了本思想實驗所要導出的困難。一個可能的改進方式是，除了道德能力或修養之外，提出其他可行標準以供物種區別。

○思想實驗與解說

要說明抽象概念的邏輯結果，往往不是那麼容易。藉由科幻的思想實驗，馮耀明得以明確指出「天人合一」和「人禽之辨」可能有個大家都不能接受的後果。

✓這篇文章可以讓你……

- 了解新儒家跟高智慧外星人的關聯（怕.jpg）
- 知道「天人合一」和「人禽之辨」加在一起可能會有什麼後果。

✕這篇文章不能讓你……

- 知道自己接下來是不是該吃素。

第二章

日子該怎麼過？

怎麼活出生命意義，哲學家有解！

引言　朱家安

「人總有一天會死。」

「怎樣？」

「就算可以留下些什麼，據科學家說，太陽系遲早也會隨太陽燒完而死寂。」

「你到底想說什麼？」

「如果什麼都無法永恆，那不管我們做了什麼，還有任何意義嗎？」

「就算我們做什麼都可以永恆，你也不會滿意啦！」

談到生命意義，大家都很不容易滿意。

在這一章，我們討論跟生命意義有關的哲學問題：

為什麼生命有時候帶給人一種荒謬感？

怎樣的生活才算幸福？

幸福終究是主觀的嗎？

這些討論大概也無法讓你滿意，不過我們希望至少能讓你理解，為什麼生命意義的問題不容易搞定，並且發現當中的有趣之處。

第一篇 洪偉

薛西弗斯的人生有意義嗎？——談卡繆與荒謬

卡繆（Albert Camus）的《薛西弗斯的神話》是一本以荒謬爲主題的論文，更精確地說，他發展了一個以荒謬爲主軸的存在主義（Existentialism）哲學思想。即便卡繆不見得自我認同爲存在主義者。

存在主義是一個從十九世紀中發源，並盛行到二戰之後的社會思潮。存在主義哲學家關注生命意義的問題：「人該如何存在？」我曾經在〈肛門，護家盟，存在主義〉這篇文章中探討過這種思潮的核心議題，順便罵罵護家盟。

卡繆關注生命意義的問題，但他認爲存在主義者過於樂觀，居然企圖在根本荒謬的生命中尋找「超越荒謬的東西」。他將這叫做「哲學上的自殺」。本文將帶讀者初步理解《薛西弗斯的神話》中所提到的荒謬。

荒謬並非只是不理性

如果我們聽到有人說蠢話或是做笨事，譬如提油救火，我們可能會說「這眞是荒謬」！我們的意思大概是「這眞是不理性」！

然而，荒謬跟不理性好像又不完全一樣。若一個立志戒毒的人禁不起誘惑，再次將嗎啡打進他的靜脈，我們會說此行爲不理性，不過我們大概不會說這行爲是荒謬。

荒謬不等同於不理性，其實，荒謬的事情有一部份是理性的。更明白地說，荒謬在於我們以爲它是合乎理性的，但事實上卻不是。救火是我的目的，理性建議我透過某種行爲來救火。但當我提著油來救火，這不合乎理性，因爲這會讓火變得更大。

我們或許不會說一次戒毒失敗的行爲是荒謬的，但如果有一個人不斷戒毒失敗，卻又認爲自己的人生很健康；或者如果有人認爲中國很自由，理由是你可以說中國政府喜歡的任何話。我們或許就會說：「這眞是荒謬！」

生命的荒謬

但卡繆想談的荒謬，是生命的荒謬，它無所不在，隨時可能向我們襲來。

當我們日復一日地進行千篇一律的事務，可能有一天忽然回過頭來，自問：「我究竟在幹嘛？」當我們朝向一個目標努力許久，也可能有一天驀然驚覺：「我真的想要這個嗎？」或是懷疑：「我會不會正在徒勞無功地努力？」以及最嚴重的：

如果我們都即將會死，我的努力還有意義嗎？

人生的荒謬在於追尋意義的人流失意義感。這種人希望理性能協助自己活出有意義的人生，但是理性卻同時讓他得出虛無主義的結論：人生毫無意義。這種衝突令他感到荒謬。

上帝能幫上忙嗎？

爲了讓人生有意義，我們說要有上帝，因此有了上帝。這裡的「上帝」並非單指任何宗教中的至高神，卡繆用「上帝」來代稱「能一勞永逸地，合乎理性地解決『最終意義問題』的存有者」。

爲什麼即使有死亡，人生還是有意義的呢？

舉例來說，可能是因爲我們並沒有眞正死亡，死亡之後還有天堂存在，而有意義的生活可讓我們進入極樂世界。在這裡的「上帝」就是天堂，讓我們能夠合理地得到生命的意義。

另一方面，我們也或許能考慮放棄理性。比如，可能主張只有感官的歡愉才有意義。在這裡，「上帝」就成了感官的滿足，而事實上我們無法眞正放棄理性。我們透過另外一種合乎理性的方式來讓行爲有意義：滿足感官的需求。

爲什麼上帝能提供生命意義呢？在這裡，我們似乎無法否認那牽涉到了非理性的信仰：理性本身無法賦予意義，不管你選什麼東西當「上帝」，都必須超越理性來「認定」它有意義。也就是說，能解決最終意義問題的存有者自己，必須先有意義。但不幸的是，它的意義只能被我們斷然地賦予。

「上帝」回應理性的需求，但當我們試圖用「上帝」解決理性對生命意義的追問時，卡繆認爲我們並沒有恰當地回應荒謬，只是否定荒謬。他形容，這是一種「哲學上的自殺」。

如果你是一個眞正追尋生命意義的人，你依然會在某一天感到荒謬。荒謬是沒辦法用上帝殺死的，因爲它畢竟在那裡。荒謬來自理性追尋意義的必然，而上帝只是理性的一個自殺式嘗試。

別否定荒謬，面對它、反抗它

我們還能有什麼選擇？

卡繆建議，我們不應該否定這對立。理性不該否定非理性，就像上帝不該否定荒謬。對立的事物必須被正視，使荒謬保留它的原樣。當荒謬被正視，人的困境明擺在眼前，世界遠比上帝存在的時候更加坎坷，但是誰說沒有上帝就不行？當我們的生命中遍布了荊棘，我們又不得不前進，我們唯一能做的，就是「反抗」。

反抗荒謬跟否定荒謬不一樣。否定荒謬，意味著我們認定荒謬不存在（例如：生命不荒謬，因為生命的意義就是當下的感官歡愉）；而要反抗荒謬，我們得先承認荒謬存在，再透過行動去創造與奮鬥來與之對抗。

此時，我們同時是理性的，也是不理性的。荒謬的反抗者即便知道無法否定荒謬，也不因此而同意虛無主義。因為，他畢竟還可以反抗。他選擇正視理性所發掘的荒謬與困境，試圖在這不理性中創造生命的片刻意義——荒謬之人永遠有這樣一個選擇。

因此卡繆認為，反抗並不同於自殺（無論是哲學上的還是現實上的），因為自殺相當於屈服與承認虛無主義，只好「將荒謬拖進死亡」。自殺解決了荒謬，但荒謬不該被「解決」，而應該被「正視」。

這聽起來很難懂，反抗究竟是什麼意思？如何為我們產生意義？《薛西弗斯的神話》就是一個示範。

薛西弗斯的神話

薛西弗斯被衆神懲罰永遠要推一顆大石頭上山，每當他汗流浹背地將石頭推上山頂，石頭就會滾落山底，接著他必須走回山腳下，再一次將石頭推上山。

在我們看來，薛西弗斯是痛苦的，他正在接受衆神給他的嚴峻懲罰、過著毫無意義的人生。但卡繆要求我們想像一個偉大的、不惜干犯神怒來達到目的、最有智慧的凡人——這時我們不妨想像，我們就是那個薛西弗斯，而非在一旁品頭論足的其他人。

卡繆認爲薛西弗斯走下山的過程是最有趣的。他看著石頭滾下山，喘口氣，知道苦難即將重新開始，一步步走下山。這時的薛西弗斯可能是痛苦的，也可能是快樂的。

若我們想像薛西弗斯是痛苦的，想像他將被巨石與哀傷壓垮。此時，他推不動心中的巨石，也推不動眼前的巨石，讓巨石戰勝了他。他感受到沉重的懲罰，感受著世界與衆神的遺棄，感受著俗世幸福與現實不幸的反差。

然而，何不想像薛西弗斯是快樂的呢？想像他在山腳下凝視這顆巨石，透過自己的記憶，將自己一連串意義不明的行動連結起來，將這當成自己的命運。在這個時刻，他就成了自己命運的主人。他不需要衆神，更毋論懲罰。

當他每一次將石頭推上山，他知道自己又一次戰勝了命運。他創造過自己的命運、戰勝過自己的命運，並且繼續如此反抗著。

因此，卡繆說，我們應當想像薛西弗斯是快樂的。

○思想實驗與解說

薛西弗斯的神話，這樣一個關於無意義的思想實驗，是人生的可怕隱喻，但同時也是人生問題的一個切入點。彷彿，我們一旦能夠解決薛西弗斯的難題，我們就也解決了自己的。為什麼？薛西弗斯的懲罰與我們的生活，究竟有什麼關聯？假如真的有這樣的關聯，我們的人生如何有意義？卡繆的說法解決了真實的困境嗎？

✓這篇文章可以讓你……

- 初探卡繆的哲學。
- 找到一種存在主義的詮釋方式。

✕這篇文章不能讓你……

- 發現人生的意義。

要活出生命意義，是自己爽就好，還是有客觀標準？

第二篇 廖育廷

阿明整天一個人玩電動。有天爸爸看不下去了……

「阿明，別再玩電動了，去做點有意義的事。」

阿明不爽地問：「要不然做什麼事才算有意義？」

爸爸解釋：「你要找到自己的興趣啊。」

阿明回嘴：「我的興趣就是玩電動呀。」

爸爸怒道：「那你有想過自己做了什麼貢獻嗎？沒有，因為你只想到你自己。」

如果你問長輩該怎麼過有意義的人生，也許他們會想要你「找到自己的熱情所在」，或是「奉獻才華成就一番事業」，不管怎樣，都輪不到電動。

對許多人來說，玩電動沒有什麼意義，然而這並不代表他們已經掌握了人生的意義，因此有辦法判斷玩電動的意義。想想如果阿明繼續追問老爸，會發生什麼事？

阿明繼續辯解：「那為什麼我做的事情一定要有貢獻，才能有意義？」

爸爸說：「反正你是我養的，所以我說了算。」

爲了避免長輩說不出好理由，我將介紹普林斯頓大學的哲學家沃夫（Susan Wolf）如何理解人生意義，以及她的定義會如何進入上述爭論。

常見的兩個人生意義觀

關於人生意義，有兩個觀點廣受歡迎且彼此衝突。第一種觀點主張人生意義的核心，是找到自己的熱情所在。第二種觀點則認爲人生意義的核心是「成爲大我的一部份」（be part of something larger than yourself）。

讓我們把第一種觀點叫做人生意義的**「主觀滿足論」**。這種看法認爲人生意義的根本是滿足感，找到熱情則是獲取滿足的手段。

接著，我們把第二種觀點叫做人生意義的**「客觀價值論」**。「成爲大我的一部份」的自然理解，是「爲有客觀價值的事物做出貢獻」（後文簡稱客觀貢獻）。畢竟，只具備主觀價值的事物，通常不會被稱爲「大我」，而對大我毫無貢獻的人，也往往不被當做大我的一部份。

主觀滿足論主張，得到滿足感便足以構成有意義的人生。客觀價值論則主張，要過有意義的人生，人得爲有客觀價值的事物做貢獻。面對「滿足卻無客觀貢獻」的生活（如爸爸認爲阿明目前在過的生活），主觀論蘊含這種人生有意義，客觀論者則暗指這種人生沒意義。

雖然兩種立場彼此衝突，但它們看

來都有些道理。人們常採取主觀滿足論的立場，來評斷自己的人生意義。畢竟生活空虛的人，常問自己的人生意義在何方。而當人覺得滿足時，通常也覺得自己的人生很有意義。

相對地，客觀價值論常被用來評斷別人的人生意義：愛因斯坦的人生很有意義，因爲他爲科學貢獻良多，而且科學有客觀價值。一輩子反覆推同一顆石頭上山的薛西弗斯，其人生缺乏意義，因爲永無止盡的推石頭，缺乏客觀價值可言。

沃夫想調和這兩個立場之間的衝突。她主張，單獨來看這兩種立場，都有其缺陷，要避開這些缺陷，可以採取混合式的立場：人生意義既有主觀條件，也有客觀條件。接下來我將仔細說明這些論點。

主觀滿足論的缺陷

主觀滿足論主張滿足感是人生意義的根本。這意味著無論滿足感來自何方，都不影響它對人生意義的貢獻。

這個說法的難點之一，在於人們的滿足感可以來自瑣碎、無價值的事物。比如：整天吸菸、玩猜謎或金魚的人，也可以很滿足。但人們通常不會說，這些事情讓人生變得有意義。

如果你覺得這些案例不是很公平，因爲它們顯然看不起吸菸者、玩猜謎的人和金魚迷，或許我們可以考慮哲學家泰勒（Richard Taylor）的思想實驗：

滿足的薛西弗斯

薛西弗斯被神懲罰。他必須推石頭上山，但上山後石頭又會落下。於是他得無止盡地推石頭。懲罰進行一段時日後，神開始憐憫薛西弗斯，於是祂給薛西弗斯注射了一種物質，讓他對推石頭產生熱情，並從中獲得滿足感。最終，薛西弗斯在滿足中過完餘生。

主觀滿足論會認爲，「滿足版」薛西弗斯的生命意義比「原版」薛西弗斯更多，但一般人不但不會這樣想，還很可能認爲他們的人生都一樣缺了意義所須的成分。沃夫認爲要解釋這個成分是什麼，我們得進入客觀價值論的討論。

客觀價值論的問題

客觀價值論不會碰到上述問題。因爲單純推石頭的薛西弗斯，沒有客觀貢獻可言，所以客觀價值論者不會說他的人生有意義，不管薛西弗斯主觀上是否滿足都一樣。

然而，僅僅針對貢獻之於客觀價值，也不足以讓人生有意義。爲了說明這件事，沃夫自己也修改了一個薛西弗斯版本：

> 薛西弗斯被懲罰不停地推石頭，他覺得這個過程本身很無趣。但他不知道自己不斷地推石頭，其實把附近的禿鷹都嚇跑了，於是周圍的居民不再受禿鷹侵擾。

在這個例子裡，「稻草人」薛西弗斯在不知情的情況下，爲有客觀價值的「居民安全」做了貢獻。如果人生意義就只包含客觀貢獻，那「稻草人」薛西弗斯的人生，應該會因此變得有意義。但沃夫認爲這樣的人生缺乏滿足感，因此不算有意義。

沃夫的判斷合乎一些日常直覺。畢竟缺乏滿足感的人生，通常也缺乏意義。我們可以想像對家庭疏離的家庭主婦，她可以知道自己的所作所爲，確實爲家庭有所貢獻。但如果她缺乏滿足感，直覺上，她的人生不算有意義。

所以，客觀價值論也未能說明人生意義的全貌。要解決客觀價值論的問題，就得部分採納主觀滿足論的想法，而這便帶領我們走向沃夫的解方。

沃夫的混合理論

既然主觀滿足論所缺乏的成分，可以用客觀價值論的成分來補足，反之亦然。那更好的策略就是混合兩種立場：要過有意義的人生，你不但要從自己的所作所爲得到滿足感，也要爲有客觀價值的事物做出貢獻。

沃夫的混合理論，解釋了兩種薛西弗斯的人生何以缺乏意義：「滿足版」薛西弗斯對客觀價值沒有貢獻；「稻草人」薛西弗斯缺乏滿足感，所以他們的人生都缺乏意義。

沃夫的人生意義觀，也帶來一些有趣的啓示：在評估自己的人生時，不應過分強調主觀滿足感。而在評估他人人生時，也不能只依客觀貢獻來判斷。因爲要過上有意義的人生，兩者都不可或缺。

所以，對阿明這樣的孩子，合理的建議是：「在追求熱情之餘，也得想想自己的熱情所在，是否能爲世界做點貢獻。」而對想給孩子人生指引的長輩，合理的建議是：「想想你給孩子的藍圖，是否能契合他的熱情。」

另一個有趣的啓示，則是針對文章開頭所提的指引：「找到自己的熱情」會帶來滿足感，而「奉獻才華成就一番事業」則有助於貢獻客觀價值。換言之，長輩的指引眞的有效，因爲做到它們，能幫你追求人生意義的兩個成分。

顯然，如果阿明的爸爸能這樣解釋他的立場，他與阿明的溝通品質或許會更好。

○思想實驗與解說

生命意義的問題很抽象，如果有人劈頭問你「什麼是生命意義？」你大概答不出來，如果你劈頭問你的朋友「什麼是生命意義？」你可能會失去那個朋友。然而，這篇文章介紹了一系列的薛西弗斯思想實驗，成功引出一些關於生命意義的直覺，可以協助你進一步地去思考。

✓這篇文章可以讓你……

- 有些好東西應付那些常在親戚吃飯時出現、關於生命意義的話題，以及那些拿「有意義沒意義」來囉唆你的人。

✕這篇文章不能讓你……

- 真的有辦法知道對自己來說，什麼東西真正有意義。這得要你自己想。

第三篇 廖育廷

幸福是主觀的嗎？別人認為你幸福，就真的幸福嗎？

人生到底要怎樣才算幸福？如果有人的事業、家庭方面都令人稱羨，但當事人卻不認爲這是他想要的人生。那麼，他到底算不算幸福？

張三從小被家裡送去學畫圖，並在畫家生涯中獲得很高的成就、賺了很多錢、結交了許多朋友，同時也擁有人們眼中理想的伴侶。然而，張三心裡覺得這些事物都不是他想要的，他對這些成就、金錢、朋友、伴侶之類的事物無感，而且沒有從中得到快樂。接著，張三還來不及找到自己真正喜歡的人生樂趣，就在睡夢中沒有痛苦地死去了。

張三的一生到底算不算幸福？

如果你認爲幸福的前提是得到自己想要的，那你大概會說，張三不算幸福；如果你認爲只要人生充滿了許多一般來說有價值的事物，不需要當事人覺得滿意，也能算是幸福，那麼你大概會說張三其實滿幸福的。

上述兩種對幸福的看法，反映了哲學上關於幸福的主觀及客觀爭議：

幸福是否倚賴在主體的某些正面態度之上？

若你回答「YES」，代表你是一個**「幸福的主觀論者」**，認爲一個人是否幸福，得要看這個人有沒有特定的正面欲望或信念。

若你回答「NO」，代表你是一個**「幸福的客觀論者」**，認爲只要達到特定客觀條件（通常是具備有價值的事物、達成有價值的行動等等），不管當事人的態度如何，都不會影響他的幸福程度。

主觀論與客觀論的區分很重要，因爲對於任意的幸福理論，只要你知道它屬於哪一種，就知道它八成有哪些特色、有哪些困難需要面對。

支持主觀論的理由

同樣的東西對不同人的幸福程度可能會有不同影響，例如有些人很喜歡交朋友，有些人無所謂，有些人視友情爲負擔。

主觀論的好處之一是：它可以很自然地解釋爲什麼幸福的來源可以因人而異。爲什麼「友情」可以讓李四變得更美滿，卻不能讓張三變得更快樂？因爲張三和李四對友情的態度不同。

相對地，如果說客觀論者主張「得到友情」這件事，可以獨立於個人的正面態度，而提升人的幸福。那麼，爲了解釋得到友情的張三爲何沒有變得更幸

福，客觀論似乎只能假設：有其它會降低張三幸福的事物，抵銷了友情對幸福的正面影響。例如張三在得到友情的同時，也得到了額外的痛苦。如此，客觀論者可以說，幸福之所以會因人而異，是因爲痛苦也因人制宜。

然而，假設在我們的案例裡，張三沒有因爲得到友情而產生痛苦，也沒有因此得到其他會降低幸福的因素，他只是純粹缺乏對友情的正面態度。那麼就會因此凸顯出主觀論與客觀論的差異：

主觀論者可以說，張三的幸福沒有因爲友情而提升；而客觀論者則必須硬著頭皮講，張三的幸福其實有提升，就算他本人不這樣覺得。

在這裡，如果你覺得客觀論給的答案「怪怪的」，可能是因爲你認爲幸福與個體之間有緊密聯繫：你的幸福之所以是「你的」，是因爲它反映了你這個人的獨特性，像是欲望或對事物的評價。這時候，客觀論主張你不在乎的事物也能提升你的幸福，似乎是把幸福定義成某種與個人很疏遠的事物。

客觀論者或許可以乾脆不承認「友情」有客觀價值，並主張「得到友情」不會提升幸福，來避免「不想要友情的人得到友情」這種例子的困難。然而，你大概可以想像，不管客觀論者表示有什麼事物可以獨立於個人特質來提升幸福，主觀論者都可以建構一個類似的說法來攻擊它。如此，客觀論者很難合理主張有任何東西可以帶來客觀幸福。

支持客觀論的理由

所以主觀論贏了嗎？沒這麼簡單。俄亥俄州立大學的哲學家，林氏（Eden Lin）指出，在判斷新生兒的幸福程度時，典型的主觀論會得出奇怪的結果。

主觀論主張幸福倚賴人的正面態度，常見的「正面態度」至少有以下兩種：

信念的主觀論：
只有在人相信某件事物會讓自己幸福的時候，這件事物才能提升他的幸福程度。

欲望的主觀論：
只有在人想要某件事物的時候，這件事物才能提升他的幸福程度。

「信念的主觀論」和「欲望的主觀論」分別預設了：

人要幸福，必須要有特定的信念／欲望。

然而，想像有些剛出生的孩子，因爲認知能力還不夠，所以沒有形成關於幸福的信念。根據信念主觀論，這表示沒有任何事物會提升剛出生者的幸福程度。不管處境如何，所有剛出生的小孩，其幸福程度都相等。

這些結果聽起來很違背直覺。你把剛出生的孩子放在舒適的床上，應該會讓他更加幸福。一個出生後受到妥善照顧的新生兒，與不幸被棄置荒野的新生兒，幸福程度也應該不同。只因爲新生兒沒有對應的信念，就說他們無法變得更幸福，這聽起來是一種錯誤的偏見。

而這樣的偏見放在動物身上會更明顯：人們之所以關注動物福祉、試圖讓動物過得更好，正是因爲人們深信動物可以變得更幸福。若是因爲動物的智能較低，便主張它們的幸福無法提升，這種觀點顯然是一種人類中心式的思考。

「欲望的主觀論」似乎對上述批評免疫，因爲剛出生的小孩就算不能說有什麼信念，但應該也有種種欲望：想吃東西、想受關注等等。

然而對林氏來說，只要稍微改版一下經驗機器（experience machine）思想實驗，就足以指出「欲望的主觀論」的問題：

兩個剛出生的小孩，他們只具有對主觀感受的欲望，而對事物本身沒有需求。其中一個小孩在現實中過著受父母寵愛、獲得充分照顧的生活。另一個小孩則是在經驗機器裡體驗有父母的生活，實際上沒有父母照顧。

直覺上，在現實中的小孩，會比在機器裡的小孩過得更幸福，畢竟他有著眞實的愛，與外界有實際的互動。不像被放在機器裡的小孩，只是擁有虛擬的體驗。

林氏認爲，我們的直覺是：在機器裡的小孩很可憐，因爲他沒有眞實的父母，只在機器中被灌輸虛擬的體驗。而人們之所以憐憫一個人，往往是因爲人們認爲他的處境較差。所以，這裡的憐憫反映出機器中的小孩，沒有比現實中的小孩來得幸福。

然而在情境中，這些小孩對事物本身沒有欲望。並且「欲望的主觀論」主張：任何事物都必須透過對應的欲望，才能讓人更幸福。所以，「欲望的主觀論」會蘊含這個奇怪的後果：在現實中的小孩，不會因爲那些眞實的愛與互動，而變得比在經驗機器中的小孩幸福。

此時，已凸顯出客觀論的優點：它可以避開新生兒難題。如果說眞實的愛這類事物，能客觀地使新生兒變得更幸福。換言之，幸福的提升獨立於新生兒的正面態度。那麼，就算新生兒還沒有發展出對眞實之愛的信念、評價或欲望，他也可以因此變得更幸福。

這表示，客觀論者可以區分新生兒的幸福程度。也可以說，在現實世界中的新生兒，要比在經驗機器中來得幸福。而這也是我們想要的結果。

從以上的討論，你可以看到主觀論者攻擊客觀論者，表示他們把幸福定義得與個人很疏遠；而客觀論者則攻擊主觀論者，認爲他們的論點蘊含某些怪異的結果，尤其是在新生兒案例方面。當然，兩方論者有許多回應挑戰的策略。不過這就得留待日後細談了。

○思想實驗與解說

幸福很抽象，乍看之下很難討論。這篇文章提供了不同的假想情況，讓幸福變得具體，也讓我們知道怎麼討論抽象概念。

✓這篇文章可以讓你……

- 思考對自己來說，幸福有哪些要件。

✕這篇文章不能讓你……

- 獲得幸福。而且請注意，如果你把文章裡的問題拿去跟親友討論，這可能會有礙你們的幸福關係。

第四篇 廖育廷

你願意進入「經驗機器」過幸福日子嗎？

有些人認爲幸福只由主觀經驗決定，他們會說：「只要你有好的感覺，那麼你就是幸福的。」這個想法在歷史上被快樂論者（hedonism）發揚光大，他們認爲幸福就是愉悅且沒有痛苦的狀態。但羅伯特．諾齊克（Robert Nozick）不認爲幸福只關乎經驗，他用經驗機器思想實驗提出挑戰：

【經驗機器】

假設有一臺機器能夠透過刺激你的大腦，提供任何你想要的經驗，譬如說：看電影、交朋友或是寫小說。在機器裡面，你會以為自己的經歷都是真實發生過的。如果你擔心膩味，還可以定期更改你想體驗的歷程。此外，你也不須擔心機器外的其他人會不會過得很糟，因為其他人也有同樣機會進入同一種機器。在這些前提下，你是否要進入這臺機器，在裡頭度過一輩子？

這個思想實驗就像電影《駭客任務》（*The Matrix*）或是《攔截記憶碼》（*Total Recall*），假定有一臺機器強到能提供任何你想要的經驗。然而，去假設有這樣的機器存在，目的不在於討論我們能否做出這樣的機器，而是討論一個基本的價值問題：

單純擁有美好的經驗，就是我們想要的美好人生嗎？

當然，去問在現實中我們是否做得出經驗機器，在一些脈絡下會是有趣的問題。但如果有人堅持我們必須先釐清「科幻片裡面的機器是否在現實中做得出來」才能看懂並享受電影，你大概不會想約他出去看科幻片。

不過，經驗機器思想實驗的哲學目的，在於激發人們思考：「單純擁有各式各樣的正面感受，就能保證人生是幸福的嗎？」

想像經驗機器會提供你各式各樣的正面感受，但代價是你必須犧牲與現實的連結。如果幸福就只是主觀感受，那麼在機器中體驗各式各樣的感覺，就是在資源有限的情況下，我們所能追求的最幸福人生。

諾齊克：人不會想要進去經驗機器

經驗機器的發想者諾齊克預測，人們的直覺會是傾向留在現實世界。他認爲一般人想要留在現實世界的考量，是因爲進入機器的人生缺少了幸福所須的某些要素，所以人們認爲進入機器不是更好的選擇。

諾齊克提出了三個留在現實世界的理由：

一、我們要眞的得到東西

想像你是一名登山愛好者，在機器裡面體驗到爬玉山的感覺，而現實中你還是沒有去過玉山。這應該會讓人覺得有一點缺憾，似乎我們的願望只達成了一半。一個合理的解釋是：當你想要爬玉山時，你不會只想要彷彿身歷其境的體驗，還會想要自己眞的爬上去。

二、我們想要眞的成爲某種人

經驗機器給予人想要的經驗，這意味著當機器中的人想要自己成爲某種人時，機器會直接讓他體驗到成爲那種人的感覺，而沒有養成相關的性格與能力。換言之，想要修身養性的人進了機器，會體驗到扮演有德之人的感覺，但出了機器他仍不會變得更有品。諾齊克認爲這是進入機器的缺憾之一。

三、我們想要跟眞實互動

一旦你進到機器裡面，你就像是永遠進入VR一樣，不會再跟外在世界有什麼互動了。正如我們先前所探討過的，這臺機器無法讓你跟外面的人，或者是其他進入機器的人產生眞實的互動。而這點似乎令人難以接受。

雖然機器能夠爲我們帶來極大程度的正面感受，但因爲一個在機器中度過的人生，缺乏人們所重視的眞實要素，因此稱不上幸福人生。這也是爲什麼諾齊克主張我們會傾向留在現實世界。

經驗機器vs.快樂論

假如你正如文章開頭所述，認爲「幸福就是主觀感受」，這代表你是一個幸福的快樂論者（hedonist）。快樂論者主張，幸福的人生就是充滿許多愉悅，同時沒有什麼痛苦的人生。

然而，如果諾齊克對於經驗機器的解釋是對的，那顯然快樂論就是錯的：單單擁有快樂的主觀體驗，不見得稱得上是幸福。

你大概可以想到快樂論者不會這麼輕易投降。而這些想幫快樂論翻案的哲學家，開始往這個方向想：

人們之所以選擇留在現實，是因爲某些偏誤或混淆，而不是因爲進入機器眞的比較

不幸福。

有些哲學家確實是這樣想的，他們主張那些選擇留在現實世界的人，可能犯了現狀偏誤（status quo bias）——不理性地偏好現狀。

杜克大學的哲學家德·布里加德（Felipe De Brigard）發現，有些調查結果可以支持這個說法。他在課堂上要求學生假想自己過去的平凡生活，都是在經驗機器裡面度過的，接著告知學生，在現實中他們是在摩納哥生活的藝術家，坐擁千萬資產，再詢問這些學生是否要回到現實世界。

結果發現，即便假設「現實中的生活較優渥」，仍然有五〇%的學生選擇留在機器裡面，過著原來的生活。這似乎表明了人們對現狀有不理性的偏好：明知出去機器就可以過好日子，一部分的人仍傾向維持現狀。

值得注意的是，我們不能透過修改經驗機器的細節來排除現狀偏誤。進入經驗機器意味著切斷與現實的聯繫，所以這肯定是一個與現狀有著極大差異的選項。

如果人們選擇留在現實，是因爲人們對現狀的不理性偏好，那麼這種偏好就不能當成反駁快樂論的好理由，畢竟這種偏好背後沒有好理由支持。

所以，快樂論者可以說，即使人們都會選擇留在現實，也不表示快樂論就是錯的，可能只表示人不理性。

經驗機器裡的生活沒那麼好？

都柏林大學的哲學家布蘭勃（Ben Bramble）則試圖爲經驗機器思想實驗辯護。他建議另一種理解方式：讓人們選擇是否進入經驗機器，只是一種引發直覺的方式，不管人們是出於什麼考量選擇留在現實，重點在於人們共同發現了這個直覺：

經驗機器裡的生活沒那麼好。

然而，即便布蘭勃的解釋是對的，我們還是可以質疑經驗機器所引發的直覺，到底是針對幸福還是其他的價值。我們可以合理懷疑，人們的直覺只是關乎好壞，而沒有細緻到可以分辨好壞的原因。

如果你的直覺是：進入機器比較不好。這並不代表說，你之所以這樣想，是出於對自身幸福的考量。

其他考量實在太多了：進入機器意味著拋棄與他人之間的關係、承諾，故而進入機器會帶來負面的道德價值。或者說，進入機器的人，將沒有辦法創造更多的客觀價值，例如探索知識或是創造美的事物。

如果人們是出於上述顧慮而認爲進入機器不好。那麼經驗機器思想實驗頂多表示，進入機器比較不道德或比較缺乏客觀價值，而不表示進入機器比較不幸福。

其實，諾齊克在設計思想實驗有考慮到這類問題。回顧我們當初對經驗機器的描述：「你也不須擔心機器外的其他人會不會過得很糟，想像其他人也有機會進入這樣的機器。」這表示，只要進入機器後你過的就是一個幸福的人生，你不需要擔心進入機器會減損他人的幸福，因爲他們也可以選擇進入機器裡，過上一個快樂的人生。

但我們仍然可以問：

即便引進「每個人都可以進入機器」的設定，這是否就能保證人們的直覺是關於幸福本身，而不是關於其他價值？

即使其他人也可以選擇進入機器，我們還是可以因爲進入機器必須拋棄與他人之間的關係，而認爲進入機器是個壞選項。甚至在客觀價值層面，情況會變得更糟：當每個人都選擇進入機器以後，便沒有人在外面探索知識或是創造美的事物了。所以，當初的設定其實沒辦法排除這些疑慮。

這個問題著實有趣，因爲這個懷疑可以推廣到整個幸福研究的領域。單就幸福研究的主題，我們還沒有找到一個很明確的原則，來幫助我們區別哪些直覺可以幫助我們掌握幸福的概念，而哪些直覺不能。

○思想實驗與解說

經驗機器是哲學上有名的思想實驗，它汲取了非常明確的直覺，去質疑人生是否真的開心就行。

✓這篇文章可以讓你……

- 知道為什麼生活不是爽就好。
- 想想為什麼真實那麼重要。

✕這篇文章不能讓你……

- 確認自己是不是已經在經驗機器裡面……咦？

第四章

社會的事情跟我有什麼關係？

善用哲學技巧，關心社會議題、順暢溝通

引言 朱家安

「說要關心社會，但是動不動遊行抗爭，感覺很亂耶，只會造成麻煩而已。」

「什麼麻煩？比如說？」

「記得幾年前要出國玩，後來航空公司員工罷工，飛機停飛，結果告吹嗎？」

「其實這些罷工大多可以預期喔！如果你當時有關心相關議題，就會買好保險、算好替代方案了。」

民主社會大家都有參政權，所以與其說為什麼要關心社會，不如說既然都有權關心了，不關心白不關心吧！

當然，在社會議題上，跟意見不同的人討（ㄔㄠˇ）論（ㄐㄧㄚˋ）往往很辛苦。

怎樣算平等？

什麼是國家？

我們該服從國家嗎？

在這一章，我們蒐集了一些用哲學技巧分析議題的例子，你可以從中看出一些常見的思考方向。想得更廣，就更容易做出良好的溝通準備。

第一篇 黃頌竹

要人保護自己就是譴責受害者嗎？

二〇一七年九月，媒體上一則〈五歲女童全裸在臺北車站捷運出口玩耍〉的新聞引發網路輿論關注。事件經媒體報導後，女童母親回應表示，自己在女兒提出脫掉衣服的想法後，已與她充分溝通，除了確認那是她所希望的決定，也明白自己無法勸阻女兒，因此才選擇尊重她的決定，把衣服脫掉。

這起事件引發了許多爭辯，大部分的意見都認爲這位母親不該放任女兒在公共場合脫光衣服。有些人認爲這樣不雅觀、不好看；有些人則認爲這會讓女童形成偏差的觀念（雖然說不太清楚是怎樣的偏差觀念）；也有人大膽預測，這會讓女童在未來覺得自己過去沒有被照顧好：母親沒有阻止年幼無知的自己做出荒誕的事；更有人認爲母親的做法並非尊重女兒的選擇，因爲五歲的女兒沒有做出自主選擇的知識與能力。

上面這些意見都很值得討論，不過本文想將焦點關注在下面這種論點。有些人指出，當父母放任女兒於公共場合全裸活動，可能使女童暴露於遭受潛在犯罪者侵害的危險中：即使沒有立即的侵害發生，也可能使潛在的犯罪者進行侵害的預謀，或至少引發潛在犯罪者侵害女童的意圖。既然已知有這樣的風險，父母應該採取必要措施，保護女童陷入風險之中，也應該教導女童保護自己，避免風險的危害。

面對上述說法，另一些人認爲這就是在「譴責受害者」，認爲受害者有一定程度的責任要保護自己，如果因爲受害者沒有盡力自我保護而受到侵害，那麼受害者至少也要承擔一些責任（至少有一點點活該）。這種人通常會進一步補充：「譴責受害者」不合理，因爲眞正有責任的是「未尊重受害人意願，而侵犯受害者」的加害人，既然受害者沒有做錯任何事，我們便沒有任何理由指責他。

不是談責任，只是因果關係

對那些指責家長讓女童暴露在犯罪風險中的人來說，被指控爲自己是在「譴責受害者」，想必難以接受。他們的想法可能很單純：既然可以透過一些簡單的方法來保護自己，爲什麼還要堅持暴露在犯罪的風險之中？

他們或可說明自己並不是主張受害者有保護自己的責任，而只是爲了在實踐決策的思慮上盡量周全，才進行假設性思考或因果思考：

如果我們想避免遭受侵害，就不要讓自己暴露於犯罪風險中。

姑且不論上述的因果判斷是否成立，光是強調這個因果關係本身，眞的不會同時主張受害者有自我保護之責任嗎？

因果關係預設責任歸屬

二〇一六年逝世的知名美國形上學家帕特南（Hilary Putnam）曾在討論「因果關係」時，指出一個重要的概念：背景條件。

假設發生了一場森林大火，消防局滅

火後勘驗現場，判斷是有人在森林裡生了營火卻未完全撲熄，餘燼復燃才導致了森林大火。

雖然我們同意營火未完全撲熄是森林火災發生的原因，但其實也很清楚，僅僅是營火未撲熄這個單一事件，不足以令森林火災發生，還必須預設許多「背景條件」的配合，例如天候乾燥、營火周圍易燃物質夠多，甚至是大氣中充滿助燃的氧氣等……

之所以會發生森林大火，其實是上述種種條件的配合，再加上營火未完全撲熄，才會眞的釀成火災。至於哪些是背景條件，哪些會被視爲是事件發生的原因，帕特南則認爲這會關係到判斷者的認知，他要我們設想一個情境：

> 有一群金星人在地球降落，並觀察一場森林火災。其中一名金星人說：「我知道是什麼導致了這場大火——因為這鬼星球的大氣裡充滿了氧氣！」（1982: 150）

這個想像的情境一點也不荒謬，畢竟金星的大氣中沒有助燃氣體，所以地球的大氣結構對他們而言便是異常狀態，而非背景條件。因此，他們自然會將森林火災的發生，歸因於地球異常的大氣結構。

帕特南說明了背景條件與原因的差異，並指出這個差異會依判斷者的認知而有不同。希區考克與諾布（Christopher Hitchcock & Joshua Knobe）則進一步討論：認知如何影響背景條件和原因的「分配」。

哲學系辦的櫃檯抽屜裡固定會儲藏可免費取用的筆，但依規定，只有行政助理可以免費取用該抽屜裡的筆，正職的教職員則必須自己買筆。

行政助理通常都會在那個抽屜拿筆。然而不幸的是，儘管不只發過一封電子郵件，提醒大家只有行政助理可以取用，正職的教職員還是會在那個抽屜拿筆。

某個星期一早晨，一位行政助理和一位教授一起經過系辦櫃檯，他們都在抽屜裡拿了一支筆。當天稍晚，系辦櫃檯的行政助理需要用抽屜裡的筆記下一個重要的訊息，卻遇到一個困難：抽屜裡沒筆了。（594）

在這個假想的情境中，希區考克與諾布指出，由於抽屜裡的最後兩支筆是由一位行政助理和一名教授同時拿走的，因此只要其中一人不拿筆，都可以解決系辦櫃檯的行政助理遇到的困難；但我們都不會同意要助理不拿筆是合理的解決方案，因爲教授才是不應該從那抽屜裡拿筆的人。

也就是說，在思考「是什麼原因導致系辦櫃檯的行政助理沒有筆可以用」這個問題時，我們都會認爲是「教授拿走抽屜裡最後兩支筆的一支」，才是眞正導致助理無筆可用的原因，而「助理拿走最後兩支筆的一支」，則被視爲該情境中的背景條件。

希區考克與諾布認爲，透過思考上述的假想情境，我們不難發現，在進行因果判斷的假設性思考時，我們會根據什麼事情本來就應該發生，以及哪些事情其實不應該發生，來區分什麼是導致事件發生的原因，什麼又是背景條件。

如果我們同意希區考克與諾布對因果思考的分析，再回頭來看受害者如何避免侵害發生的問題時，便不難發現，認爲「假如受害者有保護好自己，就不會讓侵害發生」，也是一種合理避免侵害的訴求。這其實就意味著，受害者確實有責任要保護自己免受侵害。因此，這不只是單純關於事件因果關係的假設性判斷，同時也是責任歸屬的判斷，所以當然也是一種譴責受害者（未盡責保護自己）的心態。

受害者確實對自己有責任

不過，那些主張「受害者可以透過保護自己以免遭侵害」的人可能會指出：儘管他們同意受害者有責任保護自己免遭侵害，但他們說的責任並不是道德責任，而是某種對自己的責任——明智上（prudentially）他們應該保護好自己，那才是對自己比較好、比較聰明的做法。

因此，當他們說受害者也有責任時，並不是指受害者也要分擔加害人的侵害責任，而是認爲每個人都至少有責任保護好自己。所以，當受害者未盡責地保護自己，並因此受到侵害時，儘管他們確實認爲受害者有活該的部分，但那活該並不會減低加害人的侵害責任，純粹只關係到受害者對自己的責任而已。

責任與要求負責的正當權威

在談一個人有什麼責任時，經常被忽略的是：誰有正當的權威，去要求一個人承擔某項責任？在大部分的情況下，我們會談論的責任幾乎都是道德責任，那是人和人互動時，必須相互承擔的責任——不要做出罔顧對方意願的事。由於這是互動各方彼此互負的責任，因此我們都有正當的權威要求彼此予以承擔。

但道德責任不只限於互動各方而已，我們同時也都有一個範圍更廣的道德責任：營造「彼此都不會做出未顧及他人意願之事」的環境。因此，當某A做了一件不顧某B意願的事，並不是只有某B有正當的權威，可要求某A負起他應負的道德責任，任何一位旁人也都有正當的權威，去要求某A負起應負的道德責任（雖然這裡某A與旁人的責任內容有些微差異）。

但除了與他人彼此互負的道德責任之外，我們確實有一些不同的使命，是要對自己承擔的。這些責任的發生，是基於自己對自己有所期許，或者自己認同某些值得追求的目標，因此使自己有一些應該去做或去完成的事。這種對自己的責任，也只有本人具正當的權威可以要求自己。即使我知道某個熟識的朋友對自己有某些期許，但當他沒有達成，甚至因爲意志薄弱而做出與自我期許背道而馳的事情時，我仍然沒有正當的權威要求他爲他自己承擔起責任。

或許我可以提醒他違背了對自己的期許，也或許我可以爲他感到惋惜或遺憾，但在得到對方的授權以前，我都沒有立場要求他爲自己負起責任。因爲那是他對自己的責任，卻不是對我的責任。他違背自我期許的後果是他要自己承擔的，在經歷許多失敗後，或許他會選擇放棄那個期許，同時捨棄那個責任；或者，他會堅持繼續嘗試。無論如何，那都是他自己才有資格做的決定。

當我們僭越了自己的身分，越俎代庖地要求他對他自己負責，甚至譴責他的失敗時，便是輕視了對方的自主性，認爲對方無法自己承擔責任。而這其實就是一種道德錯誤——因爲一個人對自己的責任是來自於個人的意願，他必須「對自己負責」的意思，也就是他必須對自己的意願負責。而當我擅自代替他、要求他爲自己負責時，就是將我置於他的意願之上，要他對我負責（而不只是對他自己的意願負責）。

要人保護自己就是譴責受害者嗎？

綜合以上的討論，當我們要求受害人保護自己免受侵害時，無法以「只是在進行因果關係的假設性思考」，來排除自己是在主張受害者有保護自己的責任，因爲因果的判斷其實預設了責任的判斷。此外，我們也無法透過區分對自己的責任和道德責任的差異，來主張自己可以要求對方爲自己負責。因爲我們並沒有正當的權威，可以要求對方這麼做。

因此，難以否認的，當我們指出受害者其實可以藉由某些手段，來保護自己免受侵害時，我們確實是在進行一項責任的判斷：我們在判斷受害者有某種責任要保護自己免受侵害。

儘管這個責任的判斷不見得與受害者的道德責任有關，而是可能關於受害人對自身責任的判斷。但基於一個人對自己有什麼責任，其實只有自己可以決定，因此，身爲旁觀者的我們，在缺乏恰當資訊的前提下，並未能判斷受害者到底有沒有保護自己的責任——畢竟，受害者不見得認同「自己有保護自己免受他人侵害」的自我期許。

並且，即使我眞的知道一位遭到他人侵害的受害者，確實對自己有那樣的期許，在得到對方授權以前，我就算可以友善地提醒、就算可以爲對方感到遺憾或惋惜，我仍舊沒有正當的權威能要求對方爲自己負責。

因此，要人們保護自己免於受到侵害，在絕大多數的情況下確實就是一種譴責受害人的心態。而且，只要你沒有得到對方的授意，這種譴責就是不正當的譴責。

○思想實驗與解說

慣於科學思考的人可能認為「因果關係」無關價值。球會落地，當然是因為沒東西擋著，再加上引力。但「森林火災」和「辦公室原子筆」兩個思想實驗讓我們知道，有些因果關係其實預設了有關責任的價值判斷。在這種情況下，判斷誰是原因，通常意味著判斷誰有責任做些什麼。

✓這篇文章可以讓你……

- 知道「因果關係」不見得純然是客觀判斷，而是可能暗藏價值預設。
- 更了解「譴責受害者」這招的使用時機。

✕這篇文章不能讓你……

- 保證自己不會成為受害者。

第二篇 賴天恆

道德上，我們可以反抗打人的警察嗎？

妳的朋友跑去抗議。抗議的內容搞不好是爲了臺獨，搞不好是爲了統一，搞不好是爲了紅花不夠紅、綠葉不夠綠，搞不好是因爲這個世界上有太多國文課本等級的廢文。不管如何，他在直播，但手機快沒電了。他請妳拿個行動電源給他。

假設一：

妳要把行動電源拿給朋友時，莫名其妙衝出來一個人，把妳的行動電源摔壞，並作勢要攻擊妳。妳知道如果不反抗，會被打到手臂骨折。請問妳是否可以反擊，把對方打到流鼻血，哭著回家找監護人？

假設二：

妳要把行動電源拿給朋友時，現場維持秩序的警察跑來，把妳的行動電源摔壞，作勢要攻擊妳。妳知道如果不反抗的話，會被打到手臂骨折。請問妳是否可以反擊，把對方打到流鼻血，哭著回家找監護人？❶

稍微澄清一下，這邊的「可以」是指「在道德上被允許」。我沒要探討「是否違法」，是因為我認為法律對正當／過當防衛的裁決，應該要符合道德：在道德上允許的防衛，就應該合法。談道德，我猜測有不少人會認為在第一個情境中，妳可以反抗；在第二個情境中，妳不可以反擊。

回到正題，為什麼在第一個情境中可以，第二個情境中卻不行？最常見的答案很簡單：

因為他是警察。

魔法道德防護罩

為什麼「因為他是警察」，妳就不得反抗？記得在這兩個案例中，妳受到的攻擊似乎都是不義的侵犯（unjust aggression）。造成他人受傷、死亡的行爲，在道德方來說，基本上都是負面的，除非有很好的道德理由，比方說出手攻擊可以防止別人無端出手傷人，不然這類行爲都算是不義的侵犯。

在我們討論的情境裡，摔壞妳的行動電源、把妳打到骨折，看起來都無益於實現正面價值。就算有，也嚴重不符比例。兩個案例唯一的明顯差別，在於第二個案例中，攻擊妳的是現場維持秩序的警察。

哲學家布倫南（Jason Brennan）向來有許多驚人意見。在《反民主》裡，他主張民主社會最好不要讓太過無知的人投票。我們通常認爲，即便情況相同，警察應該有更多正當性行使暴力，布倫南對這件事情也有不同看法。

在布倫南於二〇一八年十二月上市的新書《負隅頑抗：反抗國家暴行的倫理》（*When All Else Fails: The Ethics of Resistance to State Injustice*，暫譯）中，他稱這種「因爲他是警察／政府官

❶ 這個案例簡化自新聞〈獨派女生送行動電源與警員衝突遭摔斷手骨〉。我只是借題發揮。https://newtalk.tw/news/view/2018-12-20/183572

員／國家代理人，所以道德地位有所不同」的說法爲：

特殊豁免：

即使政府作為不義，人民仍然不得在一般的正當防衛情境中，對政府說謊、破壞政府財物、抵抗、傷害或殺死政府官員、警察等等。（頁十❷）

他反對「特殊豁免」這種即使國家人員爲惡，仍然豁免於正當防衛的「魔法道德防護罩」。《負隅頑抗》整本書都在設法反駁各種可能支持這類想法的論點。以下，我介紹書中幾個特別跟警察打人、殺人有關的論述。

因為人民有服從的義務

許多人都相信人民有服從的義務。這些人相信國家有一些特殊的魔法，可以憑空讓人產生理由去做特定的事情。比方說，妳原本在道德上有緣由做或不做一些事情，但國家能規定妳必須或不能這麼做，讓妳「更」有理由做或不做那些事情。

舉例來說，妳本來就有充分的機動不去隨機殺人，但法律禁止妳殺人之後，妳「更」有理由不去殺人。或者說，妳原本沒有做或不做一些事情的理由，但是國家如此規定之後，妳就突然有了。舉例來說，妳可能沒緣故要在買進口車時捐錢給政府，但如果國家想保障某個領很多政府補助的國產車商而提高關稅，妳就有理由乖乖繳稅。

許多人相信是一回事，但是人民實際上有沒有服從的義務又是另一回事。布倫南從許多地方論述，我們有很好的理由懷疑人民是否眞有這樣的義務。以下，我們特別關注兩個尤其跟警察打人有關的論點。

❷以下所有的頁碼皆指涉布倫南的《負隅頑抗：反抗國家暴行的倫理》。

首先，我們有可能會覺得人民跟國家之間，有一種類似契約的關係❸。有點像是說，國家提供各種好東西，比方安全、保護、社會基礎建設，而接受這些好東西的代價，就是服從國家的法律和命令，比方警察打妳時命令妳不得反抗，妳就不能反擊。

假設這真的是服從義務的基礎好了。現在我們要問的問題，則是國家這方是否真的有「交貨」：提供安全與保護等。至少在警察打人的案例中，如果警察對人民的攻擊真是不義的侵犯，那麼在這個案例中，國家不但沒有「交貨」、沒有保障人民的安全，甚至還是危險的來源。

如果服從的義務是「特殊豁免」的基礎，那麼在此案例中，要求特殊豁免，就等於不交貨還要收錢，不給錢就用搶的。這不是履行契約，這是強盜。

其次，如果妳讀過《反民主》，就會熟悉這個原則：

適任原則：

事關重大的決定，必須由出自適任且負責的決策者。剝奪人民生命、自由、財產，或者嚴重損害其人生方向的決定，若非經由適任且負責的決策者，透過嚴謹的程序而產生，就是嚴重的不義。（頁八六）

假設一個陪審團的六人，分別爲無知、不理性、呆呆、魯莽、偏見、貪腐。那這個陪審團所做出的任何決定，都不該付諸實現。同樣的，如果一名警察沒有能力克制自己，沒有能力不去不義地侵犯人民，他應該被免職或至少重新回去受訓，而不是享有魔法道德防護罩的保護。

我們沒有理由服從來自不適任警察的命令，更沒有理由在他打人時，不去反抗。

因為警察奉命行事

「搞不好是上級命令他摔行動電源、把人民打到骨折。他必須服從，所以我們不可以怪他。」

這樣的論述合理嗎？

確實，他可能有理由要服從上級，畢竟他自己選擇受訓、穿上警察制服等等；但是奉命行事是否可以成為作惡的理由？布倫南論述，我們可以藉由承諾、簽約、宣示等行

❸ 這也幾乎是公認最幼稚的服從義務論點。但為了論證方便，就先假設這點成立好了。

爲獲得理由。然而，所獲得的理由，不可以顚覆個人原本就有的道德義務。舉例來說，我有義務不侵犯別人的財產。假設今天我呆呆，承諾別人要去偷朱家安的鋼彈模型，這個承諾並不會讓我做的事情變成道德上可允許的，更不會讓朱家安有理由不阻止我。

同樣的，警察是人。任何人都有充分的道德理由不去傷害無辜。承諾、簽約、宣示，或許可以讓一個人有義務去做他原本沒義務去做的事情，比方說準時上班、穿著制服等等，但是不會讓原本在道德上禁止的行爲，變成可以做的事情。就此而言，警察沒有道德上的特權可以傷害無辜，而當他們這麼做的時候，道德上自然沒理由不反抗。

因為不乖乖被打就是妨礙公務

我國「妨礙公務」起訴的標準超低，這可能跟受過專業訓練的中華民國警察執行公務能力有關❹。警察要逮人的時候，拿睡袋丟警察，就可以被檢方認定爲施暴、阻礙警察執法。這可能是違法的，而違法有代價，妳至少會被抓起來、妳多半要上法院、妳搞不好得坐牢。

這些或許可以告訴我們，有時候反抗並不明智，因爲會損及妳的自身利益。然而，一件事情損及自身利益，並不代表它在道德上有問題。

道德相當性

布倫南反對「特殊豁免」，主張：

道德相當性：

（在道德上）可對個人採取自我防衛或防衛他者，或欺騙、撒謊、破壞、攻擊、殺害其他公民、毀損私人財物的條件，同樣也是（在道德上）可以對政府官員或政府財產進行相同行為的條件。（頁一一）

在這個脈絡下，道德相當性是說，**無論不義的侵犯是來自一般人或者警察，人民在道德上都有反抗的權利**。

❹ 詳見〈起訴標準也太寬！只要抵抗警方命令就是妨害公務？〉https://www.follaw.tw/f03/%E8%87%A8%E5%BA%AD%E7%AD%86%E8%A8%98/01case/6752/

本文討論了幾個支持「特殊豁免」的論點，而這些論點都不是特別成功。當然搞不好有其他方式，可以說服我們「警察的惡行受到道德特殊的保障」。但是在我們被說服之前，或許還是接受道德相當性比較好。

依照上述討論，階段性的答案或許是：當警察打人是不義的侵犯，符合正當防衛的反抗在道德上是沒問題的。不過得提醒大家，就算在道德上沒問題，也不代表反抗是明智的選擇，除非妳的律師團隊眞的很棒。

○思想實驗與解說

這篇文章大量使用思想實驗來說明論證。我們在做哪些事情的時候值得公權力以怎樣的強硬程度來對應？如果一件事情陌生人不能做，為什麼警察可以做？要反駁布倫南，我們就必須說明，他在這些假想情境下的判斷，哪裡不合理。

✓這篇文章可以讓你……

- 想想為什麼我們該聽政府的。
- 想想這件事：身為社會化程度還不錯的人，我們理所當然遵守很多規則，不過這些規則都有道理嗎？

✕這篇文章不能讓你……

- 在反抗政府之後全身而退。

第三篇　賴天恆

如果「反抗政府」很危險，「服從政府」就不危險嗎？

《反民主》作者布倫南，在《負隅頑抗：反抗國家暴行的倫理》（暫譯）指出，「我們有時候可以反抗政府、執法人員」。至於什麼時候可以反抗？他主張我們對政府和一般人應使用同樣標準：若一般人爲惡時，我們可以反抗；那麼，政府人員爲相同之惡時，我們也可以反抗。他稱爲「道德相當性」。

在前一篇〈道德上，我們可以反抗打人的警察嗎？〉中，我介紹過布倫南對反抗警察惡行的看法。但他的理論不止於此，在這一篇當中，我要討論布倫南對一些更極端案例的辯護。例如：

小華是犯罪集團首腦，他自己不殺人，但時常命令手下去殺人。小安安知道小華很快便會再次下達殺人的命令，身為從海軍陸戰隊榮退的狙擊手，她決定在小華下令前就殺了他。她成功阻止了無辜民眾被殺死❶。

此外，布倫南也認爲在這樣的案例中，小安安可以殺人：

> 小華總統準備發動不義戰爭。他成功欺騙選民，讓國人以為戰爭是必要的。小安安知道一旦戰爭爆發，會有成千上萬的人民無辜枉死。她曾嘗試以和平手段阻止戰爭，但並不成功。身為從海軍陸戰退榮退的狙擊

❶改寫自《負隅頑抗》英文版頁五〇的案例。

手，她決定在小華下令開戰先殺了他。最後，她成功制止了戰爭，因為小華的繼任者並不好戰❷。

布倫南認為這兩個案例在道德上一模一樣，所以根據「道德相當性」，有時候政治暗殺是道德上許可的。再設想：

小安安是世界知名的語言哲學家。有群人拿了一段文章要她解讀，並宣稱「這篇文章呈現了道德真理，無論上面講了什麼，我們都會遵守。」小安安解讀完，發現意思是「去奴役人吧！」，所以她對那群人說謊，宣稱上面寫著「不可奴役人，己所不欲勿施於人」❸。

布倫南認為小安安可以說謊。再設想：

小安安是大法官。有群人拿著憲法來找她，表示自己必定恪守憲法。小安安的專業知識讓她知道，憲法的意思是「奴役別人」「反對同婚」。小安安對那群人說謊，宣稱憲法主張「不可奴役人，同婚合憲」❹。

布倫南同樣認爲這兩個案例在道德上一模一樣，所以根據「道德相當性」，有時候可以曲解憲法。

除了以武力反抗過當執法、政治暗殺、曲解憲法之外，布倫南同樣認爲在特定情況下，一般人在道德上可以欺騙支持不義政策的選民、竊取掩飾國家不義的機密，並公諸於世。布倫南的結論很極端，一般人讀了，很容易有這個嚴重的反應——接受「道德相當性」，感覺相當危險。

❷ 改寫自《負隅頑抗》英文版頁五三～五四的案例。

❸ 改寫自《負隅頑抗》英文版頁一八五～一八六的案例。我不是很清楚為什麼案例是語言哲學家，而不是語言學家。

❹ 改寫自《負隅頑抗》英文版頁一八六～一八七的案例。

危險的道德信念

布倫南提出一個道德理論，認爲有時候道德許可我們採取極端行動。如果你覺得這個理論很危險，你的感覺其來有自，因爲事實上人們常常「誤用」道德理論。

布倫南也知道這件事：

> 我們無法準確預測後果，我們傾向復仇與憤怒。如果眾人相信此書對暗殺的看法，那麼會出現嚴重的誤用。在真實生活中，如果一個人認為道德允許他攻擊國會議員或總統，他應該認知到自己傾向犯錯，應該認真懷疑他目前所認定「暗殺可行」的結論❺。

「因爲我們會誤用理論，所以我們不該接受『道德相當性』這種有極端後果的理論」。布倫南稱上述反駁爲「危險誤用」。據此，布倫南提出的理論，以及任何有類似結論的理論，都不應該被接受，因爲它們可能成爲社會亂源，接受的人很可能會濫殺無辜、爲所欲爲。

對於「危險誤用」，布倫南有幾個回應，以下，我將分成兩點來談。

「相信」跟「正確相信」的差別

回顧歷史，我們知道法律往往不完全符合正義，甚至有可能極其不義。在今日，不少人相信我們無義務服從不義法律；特別是在軍隊的脈絡中，正常的軍事教育都會談到「反抗不義命令」的議題。這種立場會不會導致人爲所欲爲？會不會有人濫用理論？可能會，但這是理論的問題嗎？我們應該就此不接受理論嗎？

布倫南認爲這是兩回事。他認爲「法律是否正義」這個問題有正確的答案，且我們必須明確區分「法律『事實上』不正義，所以你違法」跟「你『以爲』法律不正義，所以你違法」，而布倫南的理論主張的是前者。至於會不會有人誤用理論？當然會，但是每個理論都可能會被誤用，因此我們確實要小心使用。

怎樣才能避免這種情形？重點在於「證據」。暗殺、射殺、毆打、欺騙等行爲在多

❺改寫自《負隅頑抗》英文版頁一〇六的案例。

數狀況都是不好的，我們若眞的要使用，必須要有相當好的證據，確定我們沒有傷害無辜。看到國家執法人員「看似」爲惡的時候，有沒有可能其實他們並沒有作惡？當一名警察拿著槍準備射殺一個倒地不起的人時，有沒有可能因爲一些我們看不到的理由，他其實在保護無辜民衆？

布倫南認爲，至少在他的「偉大國家美利堅合衆國」，一個看似爲惡的警察，有非常非常非常高的機率事實上就是在爲惡；這當然不是說美國人看到警察攔車，就可以準備射殺警察。然而，如果你看到警察在攔車後，卻將手持證件、接受盤查的駕駛拖下車毆打上銬，再拿著槍抵住駕駛頭部作勢開槍，那麼你大概有足夠的證據，相信該警察有不小的問題。

反抗國家執法需要充分證據，這並不是布倫南的特殊要求。實際上，任何防衛行爲的正當性都需要一定證據支持。換句話說，不管怎樣，我們都需要擔心理論誤用、都需要講求證據。這就算是個問題，也不是「道德相當性」特有的問題。

誰比較危險？

此外，如果眞的要談誤用道德信念、誤用道德理論，布倫南認爲「服從」才是眞正可怕的東西。米爾格倫實驗（Milgram Experiment）顯示人在實驗室中，會輕易順從權威的指示，進而爲惡❻。而在實驗室之外，布倫南也提及美萊村屠殺、納粹集中營、蘇聯的古拉格勞改營、烏克蘭大飢荒、亞美尼亞種族大屠殺、揚州十日屠殺等事件❼。

取決於你的政治立場，你大概會想到南京大屠殺、二二八、白色恐怖、明朝大儒王陽明屠殺苗族、消失的大肚王國、雲林大屠殺等等。當中許多的參與者，不過都是「奉命行事」。

誤用理論的確危險，缺乏證據行事的確險惡。然而，基於同樣的理由，我們或許更會反對「一味服從」。

「一名正常人往往是一名服從者，順從掌權者，只在乎自身安危。當警察把人活活打死時，他們不會出手干涉；他們只會錄影再放上YouTube。當他們的政府叫他們參與不

❻ 想進一步了解米爾格倫實驗但又不想閱讀原文的，可以看一下袁源隆發表的網路文章〈重做「米爾格倫實驗」：人們總是服從權威〉。特別值得一提的是，米爾格倫實驗在此之前從未在中歐做過，中歐的歷史背景使「對權威服從」之議題和實驗結果更有意義。

❼ 改寫自《負隅頑抗》英文版頁一一四的案例。

義戰爭、殺害外國人時，他們會照做❽。」「相較於面對警察惡行時挺身而出，人們更可能擁戴、服從希特勒和史達林❾。」

誤用道德信念、誤用道德理論真的滿恐怖的。特別是當人們相信「我們必須守法、必須服從命令」時。

❽改寫自《負隅頑抗》英文版頁一一三的案例。
❾改寫自《負隅頑抗》英文版頁一一五的案例。

○思想實驗與解說

如果一個人要以眾人之力行不義之事，那他是犯罪集團首腦，跟他是民選總統，有什麼差別呢？如果一個人要避免不義，那他以提供錯誤翻譯的方式來避免，跟以提供錯誤釋憲的方式來避免，有什麼不同嗎？在這篇文章裡，簡要的思想實驗提供了難纏的論點，讓我們思考政府究竟有什麼特別的。

✓這篇文章可以讓你……

- 再多想一下為什麼我們要服從政府。
- 思考政府到底有什麼特別的。

✕這篇文章不能讓你……

- 馬上知道自己「揪竟」該怎麼做，畢竟這真的很難。

第四篇 賴天恆

板橋人有獨立建國的權利嗎？花蓮跟臺中呢？

隨著臺獨逐漸成爲許多臺灣人認同的理念，甚至是認眞考慮的選項，各種區域的獨立聲音也開始一一浮現。比方說花蓮獨立、板橋獨立、臺中獨立。雖然有時候這些說法是拿來開玩笑的，但我認爲我們最好認眞看待它們。畢竟若我們如同許多「臺獨份子」一樣，高舉「自決」（self-determination）的口號，主張我們這塊土地上的人民可以自己決定自己的政治狀態，包括是否要加入特定國家或自己組成一個國家，我們就應該標準一致，自己自決也允許他人自決。

在開始介紹我所打算介紹的理論之前，我將表明接受一些不見得沒有爭議的預設。首先，我預設「強權即公理」（might is right）在道德上站不住腳。其次，我預設國家與民族不一定要有關聯；同一民族可以分散在不同國家，不同民族也可以組成一個國家。

自由社會的核心價值

在臺灣這塊土地上，許多人以自由社會的公民自居。對這些人來說，尊重個人的基本自由，比方說思想、言論、宗教、遷徙、政治等自由，是非常核心的價值。或許我們可以多少認同這樣的主張：

除非有很好的理由，不然別人做什麼都不得加以限制。

當然，什麼是「很好的理由」可以進一步探討，但至少感覺上滿合理的觀點是：

只有跟保障個人自由同等重要的東西，才構成限制自由的理由。

如果我們從這個角度切入的話，或許可以接受政治哲學家威爾曼❶（Christopher H. Wellman）對「自決」所提出的原則：

只要分離後，該團體與原本的國家仍然夠大、夠富庶、夠團結、領土夠連續以便組成政府，可以有效地建立安全的政治環境，任何團體都得以分離（頁一六一─一六二）。

威爾曼的原則——「除非有很好的理由，不然不得禁止分離」，是藉由反省兩套他認為不恰當的理論所得出的結論。這兩套理論分別為**同意論**（consent theory）與**目的論**（teleological theory）。

同意論

有些人認為國家的正當性建立於人民的同意之上。這種理論會遇到的困難，我就不多贅述。但用一句話來說，如果人民的同意是國家統治正當性的必要條件，那麼很難宣稱任何現存的國家具有正當性❷。

話是這樣講，或許仍有人會主張，即使同意不是國家正當性的必要條件，至少可以是充分條件。就此，他們會說只要人民同意，就可以組成國家。而就分離的角度去看，則是：

> 只要該團體的成員同意，就可以分離並且組成新國家。

這種理論所遇到的困難，或許就是以搞笑、反串、反諷角度，去理解區域獨立主張所得出的觀點：無限分割。似乎只要任何地區的人民同意，就可以獨立。當然，不會眞的「無限」分割下去：推到極端，最多是個人想要組成單人國家，就可以獨立。

這似乎是許多人所不樂見的。對此，威爾曼則是問：「無限分割有什麼不好？」他的答案是：分到太小的話，各個國家都無法有效治理、維護人權、滿足基本安全與需

---

❶ 本文所介紹的威爾曼的觀點皆來自：Wellman, C. H. (1995). "A Defense of Secession and Political Self Determination," *Philosophy and Public Affairs*, 24(2), 142.。

❷ 也可以看看：Simmons, A. J. (1999). "Justification and Legitimacy," *Ethics*, 109(4), 739-771。

求。而這些似乎是不可捨棄的東西，且既然同意論會允許人們捨棄這些東西，同意論就顯然是錯的。

目的論

或許國家的正當性並不來自於人民的同意。畢竟如上一段所述，同意論會導致許多人所不樂見的後果。那麼國家的正當性從哪裡來？威爾曼接著要我們考慮目的論：

> 國家的正當性來自於能夠有效治理、維護人權、滿足基本安全與需求。

如此確實可以有效避免同意論所遇到的問題，更能有效解釋為什麼特定族群飽受逼迫時，會尋求獨立的道德基礎：原本的國家未能有效治理、維護人權、滿足基本安全與需求，而獨立是實現這個目的唯一可行手段。

就目前來看，一切似乎相當美好。然而，威爾曼緊接著點出這套理論所遇到的困難：容易允許併吞。

國家的正當性來自於實現特定目的：有效治理、維護人權、滿足基本安全與需求。

但如果隔壁有個強國，能夠藉由併吞更有效地治理、更全面地維護人權、更確實地滿足基本安全與需求，那麼併吞似乎就是道德上該做的事情。但許多人會認爲任何（或至少大多數的）國家都有權拒絕併吞，而既然目的論允許併吞，就應當拒絕這套理論。

綜合理論

鑑於同意論、目的論所個別遇到的困難，威爾曼提出了一套綜合理論，顧及人們的政治自由，讓人在同意組成新國家時任意成立新國家，不過附帶一個但書：不能違背國家存在之目的。這導致如同先前所述：

> 只要分離後，該團體與原本的國家仍然夠大、夠富庶、夠團結、領土夠連續以便組成政府，可以有效地建立安全的政治環境，任何團體都得以分離。

這樣可以避免無限分割。因爲一直分割下去，無法建立安全的政治環境，無法有效治理、維護人權、滿足基本安全與需求。這樣也可以避免違反意願的併吞，因爲可能被併吞的國家人民並沒有想被併吞，而且維持獨立本來就可以良好運作❸。

臺獨、花獨、板獨、臺中獨

我們可以思考一下，以威爾曼的理論檢視臺獨、花獨、板獨、臺中獨會有什麼後果。

答案其實說簡單也沒那麼簡單，畢竟就像許多倫理學與政治哲學問題一樣，這是一個不能光靠哲學思辨就回答的問題：我們必須了解上述各個地區，人民的意願是什麼；除此之外，我們也必須探究這些地區如果獨立了，是否眞的能夠建立有效的政府，維持良好的政治環境。如果我們對任何一個地區的答案是肯定的，那麼依照威爾曼的理論，就必須尊重該地區的獨立。

❸ 威爾曼直接承認自己接受一個特定的理論後果：如果國家做不好，比方說沒能力或沒意願保障人權，就不具有主權。我猜某些高舉民族主義的人會很排斥這套理論。

○思想實驗與解說

怎樣的一群人可以組成國家？如果兩億人可以，那二十萬人呢？要組成國家，需要多大的土地？如果梵諦岡可以是國家，那比梵諦岡大兩倍以上的宜蘭呢？這些情況都可以讓我們有機會去想想自己理解的國家長什麼樣子、需要哪些必要的組成條件。

✓這篇文章可以讓你……

- 想想看什麼是國家、有國家為什麼重要。
- 更能面對現在臺灣爭論的社會議題。

✕這篇文章不能讓你……

- 馬上知道臺灣是否該獨立。

第五篇　邱怡嘉

「你有，我也要有」是更平等還是讓社會更亂？

A：他的成績明明比我差，還不是靠加分，哼。

B：別這麼說嘛，加分也是為了彌補城鄉差距、階級差距，立意是很好的呀！

A：但我們不都是平等的個人嗎？法律上更是平等的啊？我的成績甚至還比較好咧！憑什麼那些理想性的政策可以排除我入學的機會？你倒是說個更好的理由來說服我啊。

無論是繁星計畫還是加分，都是國家爲了縮短某些差距與實質不平等，提供某些群體在入學或社會生活上的優惠，這種施政被稱爲「積極平權措施」（Affirmative Action）。然而，積極平權措施也帶來相應爭議，例如「反向歧視」困境。

「反向歧視」指的是在資源與機會有限的情況下，一旦政府給予特定群體政策上的優惠，勢必將排擠其他群體（尤其是原本的優勢群體）享有同等資源的機會。這意味著，為了彌補弱勢族群遭受實質不平等的政策，讓原先的優勢族群遭到差別對待。以升學來說，政府提供特定族群加分優惠，導致其他同樣符合錄取標準的人，沒有辦法取得入學機會。

這種種因為積極平權措施，而導致排擠原先群體的問題，受到許多哲學家與法學家的關注。到底，我們該如何正當化積極平權措施所帶來的這種反向歧視呢？

「實質平等」沒回答到問題

積極平權是為了修正不平等造成的社會弱勢問題，然而反對者主張，考慮到積極平權措施的排擠效應，這種措施勢必與每個個人所享有的平等權產生衝突：在平權措施下，每個人都沒有被平等看待。

不過，積極平權與個人平等權間的衝突，在許多人眼中似乎並非難題。人們經常會舉出「實質平等」的概念，來駁斥平權措施反對者的主張。這個論點認為，平等權並非只有保障人與人之間形式上、齊頭式的平等，更意在保障實質上基於個體差異，所謂的「有正當理由的差別待遇」之「實質平等」。

實質平等要求我們注意以下差異：

- 在形式平等下，我們預設了每個人都是一樣的，因此我們可以想當然地認爲，只要給予每個人一模一樣的待遇就是平等；
- 然而，現實世界中基於各種因素、資源與背景，人與人之間是有差異的。因此，政府不能單單給予每個人完全相同的待遇，有些人必須得到額外的支持，才能與他人享有一樣的資源與地位。例如，教育資源欠缺的偏鄉學生，要如何與教育資源豐沛的都市學生享有同樣的待遇？

持形式平等觀的人可能會認爲，靠著紙筆考試的制度，大家都站在同樣的起跑線上。誰比較高分，就能得到進入頂尖大學的機會。但這忽略了偏鄉與都市學生間在教育資源上的差距，既然一開始獲得的資源有別，即便站在同樣的起跑線上，但一個可能是欠缺訓練的跑者，另一個則是享有更多資源、訓練有素的跑者，這樣的競爭會是公平的嗎？

總的來說，實質平等論者認爲，對於平等權的正確看法應該是「等者等之，不等者不等之」，我們應當容許國家有正當理由的差別待遇，積極平權措施正是一例。

實質平等論在現代社會廣被接受，但在反向歧視論者眼中，卻可能尚未回答到問題。在反向歧視爭議中，我們面前的問題並不是：「積極平權措施存在的理由是什麼？」而是：「爲什麼基於某個正當理由，就可以排除其他人的平等權？」也就是說，「是否存在理由支持積極平權措施」是一回事，「即便有理由支持，積極平權措施是否就因此被正當化」則是另一回事。

因此，要能夠解決積極平權措施與個人平等權間的衝突，我們必須說明：

即便是爲了弱勢，爲什麼個人的平等權就該讓步？

德沃金來拯救了！

美國法理學家德沃金（Ronald Dworkin）認爲，要回答「做爲個體公民的某A，在什麼意義上能主張其平等權，可以勝過加分優惠這種積極平權政策」的問題，我們必須考慮以下的這種平等權利的分類：

一、受平等對待的權利：使某種機會、資源或負擔平等分配的權利。

二、受平等關懷的權利❶：受到與他人相同的、尊重的與關懷的權利。

德沃金認爲「受平等關懷的權利」比「受平等對待的權利」更基本：當政府在一些情況下平等對待別人，背後的原因其實是人民需要受到「平等關懷」。重要的是，在一些情況下，平等對待反而會破壞平等關懷。

舉例來說，如果有兩個人罹患同樣疾病，一個只是不舒服，另一個則是垂死，這時如果我用擲銅板的方式決定給誰剩下的藥物，我就沒有表現出平等關懷的一面，因爲我忽視了每個人都應該受到相同尊重關懷的權利。我沒有完整且同等地考量這兩名病人的利益後才做出決定，反而是逕自把藥物的分配，視爲一種不須考慮的單純機率問題。

透過這個分類，我們可以來思考前述某A的問題。就入學名額的分配來說，某A顯然並沒有「受平等對待的權利」，因爲入學名額的取得通常必須符合一些基本門檻。想入學的人，在此不能主張其擁有一種「你有，我就有」的平等分配權利。由此可知，在入學名額分配上，某A並不會因爲別人被錄取，就能主張同樣享有被錄取的權利。但某A確實會享有「受平等關懷的權利」，有權主張在學校決定要不要把某些因素，例如種族、鄉鎮、階級甚至財富當成錄取因素時，某A的利益應該獲得與他人一樣完整且同理的對待。

因此，要正當化積極平權措施對某些人帶來的差別待遇，就必須認真考慮每個人受平等關懷的權利。這意味著每個人因該措施所可能遭受的損失，都必須獲得認眞的對待。假若這些損失的份量可能沒有社群整體的獲益來得重大，受反向歧視之人就不能只

❶ 德沃金在《認真對待權利》（*Taking Right Seriously*）一書中，使用的原文是「做為平等者而對待的權利」（treatment as an equal），在此為了讓文意更好理解且不拗口，而改以「受平等關懷的權利」替代。

是因為遭受到他人所未遭受的不利益，而主張自己「受平等關懷的權利」受到侵害。

總結來說，德沃金在這裡的主張是，任何身為公民的個體都有權受到平等關懷，每項政策都必須考慮個體因該政策所承受的利益與損害，才能獲得正當性。亦即，每個人都應該被平等地關懷與尊重，他／她的利益與損失，都應該在政策決定中獲得同等份量的考慮。唯有如此，該政策才具正當性。

回到某A的問題上，學校可以這樣對某A做出回應：

在同等考量每個人受平等關懷的權利後，任何入學方案都必然會不利於某些申請者，但如果我們期待社群的獲益高於損失，例如，讓弱勢族群獲得加分入學，來減少不同族群間的差距，並促使社群彼此更加平等，同時，也沒有其他政策能帶來大致相同的利益的話，這種加分優惠就能夠獲得正當性。由此，這種加分優惠對某A帶來的不利益，是為了更大的獲益所付出的代價。

知道什麼是平等，才知道什麼時候可以不平等

積極平權措施帶來的「不平等」爭議，在許多國家都曾經出現過，臺灣也曾有類似

的爭議。但我們的公共討論，往往停留在提出「實質平等」的理由就打住了，卻沒有繼續討論「爲什麼實質平等就可以正當化這項政策」「爲什麼在實質平等的面前，個人的平等權就應該退讓」？

德沃金的論述給我們一些啓發。

他認爲從政策決定的階段，國家就應該要考慮到所有公民皆受該政策影響而有利益上的損害；國家須將每個個體的利益做同等考量。據此，該政策決定才是正當的。積極平權措施的正當性也是如此，國家或學校必須同等尊重每位公民因平權措施所遭受的影響，並同等視之。

在沒有其他政策能帶來相似的利益，且其結果是整體社群的獲益高於損失，那麼這種加分優惠就能夠獲得正當性。

○思想實驗與解說

「平等對待」和「平等關懷」是德沃金的重要概念。要說明它們之間的差別，你會發現，像文中那樣使用假想案例來解釋，是最方便的。把這對概念說明清楚了，我們就有了好工具，可以用來說明其他棘手的案例。

✓這篇文章可以讓你……

- 得到一些討論「公平」的好用工具。
- 更能理解為什麼要有各種補償措施。

✕這篇文章不能讓你……

- 別人有的我也都有！

第五章

未來的世界會長什麼樣子？

迎戰未來新變動，靠哲學出對策

引言　朱家安

「以後機器人取代人類工作，人類都沒工作了，怎麼養活自己？」

「我們應該跟機器人抽稅嗎？然後分給人類？」

「但是人類又沒工作，怎麼好意思享用機器人生產的成果？這太偷懶了吧？」

「我們做機器人出來，不就是為了讓自己可以偷懶嗎？」

科技進展對哲學家來說是好消息，因為這往往會帶來很多有趣的新問題，雖然哲學家連舊問題都處理不完了。

這一章，我們介紹未來可能會遇到的幾個變動，以及隨著出現的新議題。

這些問題都跟機器人有關，但方向不同：

機器人有心靈嗎？

被機器人搶走工作，人類可以白吃白喝嗎？

機器人跟人在道德上有什麼差別嗎？

道德上，有些事情人可以做，但機器人不行

第一篇 何宗興

隨著AlphaGo、自動駕駛車的發展，像電影《機械公敵》（*I, Robot*）那樣，廣泛應用智慧機器人的社會，似乎不再只是科幻電影中的想像。

然而，爲了讓社會接受，我們勢必得確定機器人不會做出壞事。例如，當載滿昂貴貨物的自駕貨車困在起火車陣中，它不能爲了挽救貨物而衝撞其他人車。甚至，我們有時還需要機器人主動阻止壞事發生，例如，當家事機器人看見酒醉的父親拿刀砍殺妻兒，它應當做些什麼來阻止悲劇發生。

要發展智慧機器人，我們就得想辦法教會機器人正確的道德判斷，並確定機器人會遵循道德法則❶。以下讓我們把那種「能做出正確道德判斷的機器人」簡稱爲「道德機器人」。

或許有人比較悲觀，認爲我們不可能開發出道德機器人。他們可能會說，例如《機械公敵》就顯示了科幻作家艾西莫夫（Isaac Asimov）著名的「機器人三法則❷」（Three Laws of Robotics）有邏輯上的漏洞，會導致機器人以保護人類爲名，而限制人類的自由。

也許有人會說，只要修正「機器人三法則」，或是加入新的法則，就可以避免這個問題。然而，究竟該如何修改或加入什麼法則呢？由於倫理學家至今仍在爭論有哪些道德法則（或是否眞的有道德法則），而且這些爭論不像有解決的機會。似乎，製造道德機器人是不可能的，畢竟我們也不確定有哪些道德法則。

道德上，機器人和人類該要有什麼差別？

不過，暫且假定道德機器人是可能的；機器人能夠學會正確的道德判斷，並且依照道德判斷行事。這是否代表，只要機器人像人類那樣不會做出道德錯誤的事情，它的行

❶ 德國政府於二〇一七年制訂了自動駕駛車的倫理準則。（https://www.bmvi.de/SharedDocs/EN/PressRelease/2017/128-dobrindt-federal-government-action-plan-automated-driving.html）

❷ 機器人三法則為：一、機器人不得傷害人類，或因不作為使人類受到傷害；二、除非違背第一法則，機器人必須服從人類的命令；三、在不違背第一及第二法則下，機器人必須保護自己。

爲在道德上就沒有問題呢？

我認爲並非如此。

我主張當涉及人類對其生活的自主權時，機器人需要受到**比人類更嚴格**的限制：有些行爲人可以做，但機器人不行。

爲了說明我的主張，考慮這個例子：

大衛失戀了，決定自殺。他爬到關渡大橋的欄杆上準備投河自盡。這時，一個掃馬路的清潔機器人正好經過。大衛對機器人大叫：「不要管我！讓我死！」

請問，這個機器人該怎麼做呢？

我認爲，機器人也許可以勸導大衛不要自殺，或是報警處理，但它不可以用強

制力使得大衛無法跳河（例如，趁大衛不注意時抱住他）。試想，當我們生活在如《機械公敵》中機器人無所不在的社會，想要自殺還得躲到人煙罕至的地方，這樣的社會應該不會是我們想要的。

以上主張看似合理。但問題在於，一般來說，人阻止人自殺是道德上許可的。假若路過的不是機器人，而是人類阿潔。假若阿潔抱住大衛不讓他自殺，我們不會因爲她違背大衛的意願而予以責備，因爲救人一命是道德上許可的。

如果上述判斷你都同意，那我們就必須回答這個問題：

爲什麼人可以用強制力阻止人自殺，但機器人不行？

值得注意的是，我們不能只說「因爲這侵犯大衛的自主權」。這並沒有說明侵犯者是機器人而不是人，爲什麼會讓我們有不同判斷。若把自主權當成討論這個問題的核心概念，我們便需要解釋：爲何機器人對人類自主權的介入，不應該如人類一樣深？

因為機器人無法和人建立真正的關係

我認爲，英國哲學家斯特勞森（P. F. Strawson）的道德責任理論，可以說明爲何機器人不能像人類一樣介入人類的生活。

身爲人類，我們對於他人的作爲，自然而然會有一些情感反應。例如，當你在電視新聞上看到一輛車撞倒一名小女孩後逃逸，經過的路人沒有任何反應，你自然會責怪那些人。就算不說出口，心裡多少也會認爲他們可憎。

斯特勞森把這類型的情感稱爲「參與者反應態度」（participant reactive attitudes）：這是指當我們處於人際關係之中，對於他人的善意、惡意或漠不關心所自然而然產生的反應，包括憎恨、受傷、憤慨、感激、原諒、欣賞等等。

斯特勞森主張，當「參與者反應態度」出現，不但表示我們對其他人產生了正面或負面的情感，也同時表示我們認爲他人需要對其行爲負責。當然，我們的反應可能會有錯，比如說，當我們認識到那些路人其實是盲人，因此沒有發現小女孩被撞倒，我們自然不會責怪他們。

了解斯特勞森的理論之後，讓我們來看大衛的例子。

假如阿潔看到大衛作勢要跳河，她卻絲毫沒有反應（或甚至還嘲笑大衛不敢跳）。雖然大衛決意要死，他仍可能對於阿潔的冷漠感到失望或怨恨，加深了他的死意。並且，身為第三者的我們，也會責備阿潔為何如此冷漠。

由此可見，我們的「參與者反應態度」表現出，當看見他人遭遇不幸時，我們應當表現出適度的關懷，即便當事人要求我們不要介入。從斯特勞森的理論，可以衍生出以下的洞見：

> 人與人之間可以適度地干涉對方的自主權，因為這是我們建立起人際關係不可避免的過程。

讓我用另外一個例子說明。假設小蘭誤信詐騙電話，急忙跑去銀行轉帳一百萬。行員大德明白小蘭被詐騙，極力勸阻她不要轉帳。然而小蘭執迷不悟，堅持大德趕緊幫她處理，看到大德堅決不幫她轉帳，甚至還罵起大德。

在這個例子中，大德可以說有些「雞婆」。他拒絕幫小蘭轉帳，不僅傷害小蘭對財產的自主權，甚至沒有盡到他作為銀行行員的職業責任：執行客戶的要求。因此，小蘭責備大德是可以理解的。但是，當小蘭事後發現她被詐騙，她可能會轉而感激大德的熱心，讓自己免於損失。

雖然他人的「雞婆」在干涉我們的自主權，我們常常也會因此感到厭煩，但我們也了解他人在關心我們。因此，我們之所以接受他人對我們自主權的干涉，一方面知道這是他人的善意，另一方面這會帶來好的結果，例如一段友誼的開始，或是我們避免了損失。

到此，我們就可以理解爲什麼機器人不能如阿潔一樣去阻止大衛自殺。機器人沒有所謂的善意或惡意，它只是被設計成如此行爲，並無法爲它的行爲負責。我們跟機器人之間，不會建立起任何眞正的人際關係。

所以，跟人類比起來，機器人對我們自主權的介入必須有更大的限制。想想看，當機器人的介入帶來壞處時，我們也無法怨恨它，因爲怨恨一個無法爲其行爲負責的對象是沒有意義的。我們不應該讓無法爲自己行爲負責的東西，來決定我們的生活。

為什麼威爾史密斯討厭機器人？

電影《機械公敵》裡，威爾史密斯（Will Smith）飾演的史普納警探說明爲何自己厭惡機器人：在一場車禍裡，他要求路過的機器人先救另一位十二歲的小女孩，機器人卻堅持救他，因爲他是邏輯正確的選擇（史密斯有四五％的存活率，而小女孩只有十一％）。

史密斯最後說：「人類知道十一％的存活率已經夠了。機器人這裡（手比自己的心）什麼也沒有，只是光和發條❸。」

史密斯厭惡機器人，不是因爲它做了壞事（若你目擊那場車禍，我們好像可以說，不管你選擇救哪一個人，都不是錯誤），而是因爲我們的生活被機器人過度介入。人類救援者會願意接受史密斯的自我犧牲去拯救小女孩，而即便人類救援者拒絕史密斯的要求，堅持先救他，史密斯也有一個眞正值得自己去怨恨（或是感恩）的對象。

也許有人會反對，機器人也可以有「心」。換句話說，機器人也可以有「人格」（personhood）、有自己的意志、能夠出於善意來介入我們的生活。因此，我們可以跟這樣的機器人建立起人際關係。

---

❸ https://www.youtube.com/watch?v=_MFGx8d1zl0。

然而，一旦機器人具有人格，我們就應該允許它具有人權。這意味著，它有自由權，可以成爲自己的主宰。也就是說，「機器人三法則」不可以內建在它身上，它可以不服從人類，甚至可以傷害人類。想必我們不會、也不該製造出具有人格的機器人。

我的主張不是說機器人絕對不能夠介入人的生活，而是它對人類生活的介入，跟人類相比，需要受到更大的限制。這代表，對於道德機器人的研究，不能侷限在如何教會機器人做出正確的道德判斷，我們還得研究機器人跟人類互動的範圍與界限。

雖然這篇文章無法精確提煉出任何法則，但一個指導原則應當是：道德機器人的應用，不應該傷害人類對自身生活的自主權及其道德責任。

○思想實驗與解說

大衛要自殺,機器人違反他的意願阻止他自殺,跟人類阿潔違反他的意願阻止他自殺,有什麼重要差別嗎?面對這個假想情況,你的回答可能反映了你心裡對於機器人和人類分野的看法。

✓這篇文章可以讓你……

- 體會一下機器人時代可能出現的問題。
- 進一步思考人跟機器人的關係。

✕這篇文章不能讓你……

- 買到特價的機器人。

第二篇　洪偉

與機器人愛愛：是進步，還是全新的道德危機？

西洋棋大師、人工智慧界的重要人士李維（David Levy），曾在二〇一四年表示：「我相信，對於數以萬計以各種理由無法建立良好關係的人們而言，性愛機器人將是社會的福音。」

相反地，在二〇一五年，德蒙福特大學的學者理查森（Kathleen Richardson）發起了「反性愛機器人」運動，要求人們出於社會責任與道德理由，停止創造擬人化性愛機器人。

縱使反對聲音存在，性愛機器人的開發在企業的努力下，依舊蓬勃發展。然而，性愛機器人爲社會帶來的究竟是進步，還是全新的道德危機？

蛤？剛剛那是機器人>///<：圖靈測試與性愛智能

與按摩棒、跳蛋、充氣娃娃不同，雖然一樣身爲性工具，性愛機器人有個獨特的特色：它是人的複製品。

人們開發性愛機器人的動機與目標，就像是製作一個「人」，來滿足另一個人的性愛需求。性愛機器人必須是人形，以滿足這兩個獨立的效果：

- 在性愛時，能有「對方是人」的意識，進而得到性愛的更大滿足；
- 在性愛時，除了希望得到性快感外，也能有被愛與愛人的感受。

這些意識與感受或許是假象，但如果性愛機器人越完美，這些假象就越逼眞。這也是相關企業的努力方向。

一九五〇年，圖靈（Alan Turing）提出了一個被稱爲「圖靈測試❶」的想法，簡單來說像是這樣：

❶ 關於圖靈測試的進一步討論，可參考梁⿰酉賣的文章：〈何謂「模仿遊戲」？圖靈如何為電腦的心靈辯護？〉。

如果我們無法在與對方的語言互動中，分辨出對方是否為人類，那麼可以說它有（人工）智能。

要是圖靈測試是對的，那麼，無論一個東西是以矽晶片還是什麼構成，只要我們在互動時無法區分它跟一般人類，我們就得承認它有智能。

對照之下，簡單來說，性愛機器人的發展目標就是：要在互動中能讓人維持「這是一個人」的想像和意識。如果將觸感、眼神、表情、聲音、生理反應、語言等，都看成一場性愛模仿遊戲中所須的語言互動，並將其視爲性愛機器人的終極發展目標。即便現在仍然距離這目標非常遠，但長遠而言，無非就是要成爲有「性愛智能」的擬人機器。

你都有我了，還要它？它身材比我好嗎？

比起傳統的性工具，性愛機器人更接近人的身體；搭配了性愛智能的性愛機器人，更接近性愛奴隸。它並非被設計爲完整的人，而是被設計爲人的一部分：可以提供性快感的那部份。

它爲人類社會帶來的影響，至少可能有兩種。

一、它可能取代人對於另一個人而言的社會位置。

一般像是按摩棒、充氣娃娃等的性工具難以被當做具有人格的性對象，然而性愛機器人就沒有這樣的問題。

性愛機器人除了性以外，也提供了介入愛戀與親密關係的可能性。通過圖靈測試的性愛機器人，在某些時候甚至能夠取代或威脅人類的地位，成爲關係被改寫的原因、成爲被取代者的焦慮。

當某些評論家簡單隨意地斷言「使用性愛機器人當然不算出軌」時，我們卻可以想像，具性愛智能的性愛機器人介入關係後可能造成的衝擊。漂亮、帥氣的性愛機器人很可能成爲人的性幻想對象，而使得關係中的另一個人感到焦慮，甚至在更極端的情況下，遭到取代。

性愛機器人的問世，是否會改寫「出軌」的意思呢？

二、它可能凸顯原有社會中的某些結構問題。（如反性愛機器人運動的理查森指出）

由於性愛機器人是人的複製，它甚至有可能凸顯原有的性別刻板印象問題。它的功能複製了原有的歧視格式，因爲在設計上必須強調性感的身材、美麗帥氣的臉蛋與完美的性愛服務功能，這些標準可能進而形成新型態的壓迫。可想見，性愛機器人在這些功能上的優勢，可能在雙方面對人的處境形成壓迫。

首先，這標準或許不只顯現「好身材」的價值，甚至還表明，要享受此價值並不困難：你只需要購買一個機器人就夠了。

另一方面來說，這些標準將比雜誌上的女模、男模所展現出來的標準更加全面，甚至更加貼近現實生活的需求。這些標準將形成對於身體、膚色與臉蛋的新焦慮，甚至形成對於身體功能、反應方式、技巧的新標準。這樣的狀況，是否會加劇原先就已經存在的身體物化或焦慮問題？這顯然涉及女性主義者如今所批判的「物化女性身體」之議題。

這些問題該如何解決？這些問題都是不必要的考量嗎？這是性愛機器人的支持者必須回應的問題，也是讓人們反思自己生命的嶄新材料。

新科技的問世：從物質進步到社會批判

能通過「性愛圖靈測試」的機器人，對我們來說，看起來就像是擁有獨立人格的人。並可能因此產生新的議題。

這種過程在科技發展史上並不少見，物質的進步往往伴隨精神的滿足，進而挑戰人們精神生活的支點。這些往往仰賴不會改變的物質生活、實體儀式。一旦這樣的支點受到動搖，人們就被迫回顧更基礎的問題。舉例來說，社交網站與社群軟體的興起，讓人們更容易與朋友保持聯繫，並且交到新的朋友與同好，然而同時也挑戰了「朋友」的概念，挑戰了社交型態的改變。

我們得重新問：什麼是「朋友」？我們該怎麼對待朋友？該放置多大的生活重心在他們身上？

科技造成的影響好壞，對於已經持有特定世界觀與價值觀的人而言，只是實然問題；然而，如何面對在此同時的概念變換、價值轉型，則涉及了批判問題：這個影響究竟對我們的世界觀和價值觀做了什麼？沒做什麼？

確實，我們可能站定「性愛機器人是善的／惡的」某立場，來與他人展開對話。但總歸而言，這樣的對話並非只能單純地與其他立場抗衡、與性愛機器人的開發者抗衡，也給了一個自我批判的契機、一個社會反思的契機，甚至是一個創造新價值的契機。

新科技便如此地推動文明的演進。

○思想實驗與解說

性愛機器人在關於人工智慧的應用倫理學上，是個特別的議題。乍看之下它只是關於性愛自由的問題，但只要深入反思，將會發現裡頭牽涉到的文化與政治問題要比第一眼看起來大。這些科技尖端的產物，往往都來自人們的幻想，而在產物尚未問世之前，我們不妨假設看看，假如這世上真有這種產物，會對我們的世界有怎樣的影響？

✓這篇文章可以讓你……

- 深入「性愛機器人」的爭議。
- 得到一種方法，從廣泛的政治與倫理角度檢視議題。

✕這篇文章不能讓你……

- 知道怎麼做性愛機器人。

第三篇　林大為

中文房間裡的AlphaGo

二○一六年三月十五號下午五點，韓國棋士李世石投子認負，讓近年來最具意義的圍棋比賽，在一勝四負的殘酷比分結束。李世石懊惱地往後一靠後，起身俯向棋盤，習慣性地想要與坐在對面的對手，覆盤檢討剛剛結束的棋局，這才想起這次自己的對手不是人類，而是一部電腦，更精確地說，是一個程式——AlphaGo。

不同於以往舊有圍棋AI程式，只會照著工程師編寫的規則行棋，以至於遇到規則外或常識以外的棋型，便可能走出離譜著手而導致輸棋。AlphaGo之所以能在這次比賽中讓全世界的人一邊驚嘆，一邊低頭撿拾眼鏡碎片，是因爲它運用了一套稱爲「深度學習」（Deep Learning）的全新演算法組合，讓程式在學習規則與分析既有資料之外，還能透過這些資料進行自我學習，讓它即使遇到規則外、常識外的棋型，也能夠「像人一樣思考」並決策。

AlphaGo不只是照本宣科，所以不會因爲無本可考，便像過去的圍棋AI程式般輕易對例外繳械。

AlphaGo展現出的學習和反應，一般來說被稱爲是心靈能力。這歸類可能讓人類和動物的獨特性受到威脅：既然AlphaGo透過這次比賽證明了它擁有這些能力（而且效果十分顯著），我們是否應該承認它在某種意義或程度上擁有心靈？若哲學家瑟爾（John Searle）在一九九二年提出的「中文房間論證」是對的，那麼我們必須對這個問題回答「NO」。

中文房間，一個著名的哲學思想實驗：

假設有個完全不懂中文的人在房間裡獨

處，而房內有個名為「中文萬用手冊.pdf」的檔案，當中記載了中文裡所有可能的應對進退與對話內容應用。就算遇到了手冊中沒有的內容，也會像維基百科一樣即時蒐羅，並編輯出最新網路梗與時事內容，讓內容永遠保持最新。而每當有人從屋外用中文與屋內的人溝通，屋內的人便翻閱該手冊，找出某一句最適合，甚至超越屋外那人想像，但更適合的回應後，照本宣科回應屋外的人（「中文萬用手冊.pdf」對於該按鍵盤上的哪些鍵才能打出恰當的回應，也有詳細明確的指示）。在這個情況下，我們應該要因為屋內的人總是可以「用中文」做出恰當回應，而認為他理解中文嗎？

顯而易見，答案是否定的。因爲屋內的人從頭到尾都只是照著手冊的指示按鍵盤而已，他從未眞正理解那些中文字的意涵，因此我們不能說他理解中文。

身爲一個用假想情況來引出人們直覺的思想實驗，「中文房間」主要的論證目標是：「即便某個東西能展現的功能和具有心靈的東西一樣強大，這也不見得代表那東西有心靈。」在哲學上，瑟爾以這樣反面的方式，消極地否定了認爲心靈可以被化約爲某些特定功能的功能主義（functionalism）。

了解中文房間論證，我們便可以如此理解AlphaGo：

AlphaGo在下棋與學習下棋的過程中，所做的只是按照程式工程師爲它編寫的，一本比較難的圍棋萬用手冊照本宣科，只是這次的這個「本」是全新的、超越屋外那人理解，但更適合的「本」而已，它還是必須透過別人爲它編寫的萬用手冊與人類溝通。

試想：假如當初工程師對於其中一項圍棋規則理解有了些微的錯誤，並且不小心將其輸入AlphaGo的程式中，AlphaGo也只會繼續按照著錯誤的規則學習下去，並成爲一部擁有缺漏的圍棋AI。

更消極地說，對於AlphaGo而言，它下的每一盤棋，不過是運行一個龐大且美麗的函數與棋譜資料庫。藉由這兩樣東西，在棋局中計算每步棋的勝率，並且在棋局終了後改善其中參數。一切只是數字，它甚至不知道自己在做的這件事是下棋。

因此，即使擊敗了人類，即使展現了如此強大的功能，但在究其功能的源頭之後，或許我們依然無法尋得AlphaGo的「心靈」存在。

○思想實驗與解說

在二十世紀，有好一段時間，有些哲學家們認為，如果人類成功造出能像人一樣思考、執行複雜任務的電腦，那了解這些電腦如何運作，能幫助我們了解人類的心靈是如何運作。瑟爾以中文房間論證汲取了有力的直覺，提供我們更多空間，去思考「和心靈有類似功能」跟「擁有心靈」之間的差別。

✓這篇文章可以讓你……

- 了解一個討論心靈的有趣論點。
- 輸給 AlphaGo 之後能自我安慰說，人類還是有獨特之處。

✕這篇文章不能讓你……

- 避開機器人統治人類的未來。

第四篇 朱家安

天下有白吃的午餐？談「全民基本收入」

想像一下，不管你幾歲、住哪、家中收入如何，只要你是臺灣國民，政府每個月就會給你一筆錢。這筆錢的數字依照社會可以負擔的情況而定，可能是三百塊，也可能是一萬元，不過不管這個數字是多少，每個人拿到的錢都一樣多，這筆錢會給一輩子，直到你死掉的那天爲止。

這個方案被稱爲「全民基本收入」（unconditional basic income）。不用工作就有錢拿，聽起來有點反常，不過那是在人類生產力低落的情況下。事實上，人類的生產力隨著科技進展一路竄升，不時有人預測人類「需要工作的時間會逐漸減少，或許再過幾年，就會達到不用工作就有飯吃的地步」。以此看來，反常的其實不是不工作就有飯吃，而是在生產力大幅上升之後，我們的工作時間卻沒有因此減少。

工作被機器人取代後的最終方案？

就算人類不工作，也該有飯吃，這種想法在自動化（automation）的未來，或許不但不反常，反而得成爲必然。在可見的未來，人們的工作會被機器取代，因爲機器有效率且便宜。

牛津大學的經濟學家弗雷（Carl Frey）和機器學習專家奧斯伯（Michael Osborne），在二〇一三年試圖整理在將來可能會被電腦取代的職業類別。根據他們的分析，在一、二十年內，機器人科技的發展可能就會威脅到四七％美國人的工作。我們可以合理推測，在不主打創造性工作的國家，例如中國和臺灣，這個數字會更高❶。

大量失業會造成社會動盪，這已經不是新知。自動化造成的大量失業，被霍金（Stephen Hawking）列爲未來人類最大威脅之一❷。這讓自動化同時成爲全民基本收入的基礎和理由：

- 自動化帶來的生產力，增加了全民基本收入的可能性。
- 反過來說，全民基本收入有機會舒緩自動化造成大量失業後帶來的問題。

稜鏡計畫的吹哨者斯諾登（Edward Snowden）同意這個看法。在《國家》雜誌（*Nation Magazine*）的一個訪問裡，斯諾登表示：

> 自動化一定會讓工作越來越少。如果我們不找個方法為失業的人們提供基本收入，或有意義的工作，社會將動盪到會出人命的程度❸。

暢銷書《人類大命運》和《人類大歷史》的作者歷史學家哈拉瑞（Yuval Noah Harari），則似乎已經把全民基本收入當成自動化的解決方案了。在一篇討論未來人類工作危機的文章裡，他直接把將來會實施全民基本收入當成前提，來談「在這種情況底下，我們該怎麼殺時間比較有意義」？

---

❶ https://www.oxfordmartin.ox.ac.uk/downloads/academic/The_Future_of_Employment.pdf

❷ https://www.theguardian.com/commentisfree/2016/dec/01/stephen-hawking-dangerous-time-planet-inequality

❸ https://www.thenation.com/article/snowden-exile-exclusive-interview/

那些讓人類不再有工作價值的科技，可以反過來藉由全民基本收入，餵飽那些因此失業的人。在這種時候，真正的挑戰是怎樣讓這些人過充實的生活。人必須要做些有意義的事情，不然會起笑❹。

把全民基本收入當成未來方案的，不只有革命家和學者，《財富》雜誌（*Fortune*）也報導了矽谷的科技菁英——也就是那些從自動化獲利最多，同時必須爲全民基本收入付最多錢的人——如何掏錢資助關於全民基本收入的社會實驗❺。

這些人想知道全民基本收入的可行性和影響。除了基於社會責任，也基於私心：自動化導致大量失業，這將導致社會

動盪，到時誰都不好受；如果基本收入能維持經濟正常運作，不失爲長久之計。

如果你相信霍金、斯諾登和哈拉瑞對自動化時代的疑慮，那麼全民基本收入（或其他高強度福利措施）或許是沒得選的選擇。不過就算不論這點，這個好到近乎天眞的福利策略，其實也還有很多你不見得會想到的好處。

同時解決「失業困境」與「就業困境」？

就拿低收入補助來說好了，這是現代社會常見的福利措施，目的是讓人活得下去，甚至有能力再度投入就業市場。然而，這種補助的存在本身，也會降低人找工作的動機：如果一份工作會讓我失去領補助的資格，那麼，這份工作的收入價值，對我來說其實只是月薪再扣掉月補助之後的數字。

如果你因此寧可忍受貧窮，不願意去找工作，代表你陷入政治哲學家范・帕里斯

❹ https://www.theguardian.com/technology/2017/may/08/virtual-reality-religion-robots-sapiens-book

❺ http://fortune.com/2017/06/29/universal-basic-income-free-money-silicon-valley/

（Philippe Van Parijs）說的「失業困境」（unemployment trap）。范．帕里斯指出，促成失業困境的因素，不只來自補助金額和月薪的比較，也來自其他現實條件。例如，一個領低收入補助的人，就算去找工作，找到的也多半是不穩定的工作，這也會讓他們寧可待在失業困境裡❻。

相對於「失業困境」，范．帕里斯同時也指出另一種「就業困境」（employment trap）：你的工作各種爛、超時加班、環境骯髒、長官不講理、顧客是性騷擾慣犯，公司完全不管這些事。你身爲勞工，沒有籌碼可以跟公司談，而政府官員則只會說一些關於功德的屁話。在就業困境裡，你因爲沒有退路，被迫接受很差的工作。

「失業困境」是低收入補助的副作用，而「就業困境」是資本主義的副作用。這兩者之所以糟，是因爲當它們出現時，被困在一個糟糕的地方，反而成爲對人來說最理性的選擇。范．帕里斯指出，全民基本收入的特色之一，就是它可以一舉解決這兩個問題。

首先，全民基本收入不會把你困在失業困境裡，因爲它不在乎你有沒有工作。再來，全民基本收入讓人有退路，退路讓人有談判籌碼，可以拒絕那些很差的工作。理論上，在一個有全民基本收入的社會，就算是很普通的工作，雇主也會被迫改善工作環境和規則，才能比較容易吸引到員工。

全民基本收入讓人活得更自由豐富？

爲了活著，人的時間被無意義的工作占據，人無法獲得成就感，也難以和別人發展充實關係，這種情況被馬克思稱爲「異化」。全民基本收入距離共產國度還有好長一段距離，然而它帶來的談判權和自由，除了有助於現代人免於無理、不健康的工作環境，甚至也有機會回應馬克思指出的困境。

當然，全民基本收入的社會，並不是不需要工作的社會。可以想像依然有些工作無法被機器取代，需要人去做。而在超級AI出現之前，依然需要有人維護機器（超級AI出現之後，則可能會需要有人從超級AI手中拯救世界），這些工作會被想要更高收入的人

❻那些以「低收入」為資格的補助政策，都可能會有「失業困境」這種副作用。確實，技術上我們有一些方法來避免，例如把低收入補助改成失業補助，規定只補助有工作意願的人。（以臺灣來說，要領到失業補助，你不但要有「非自願離職證明書」，還得在受補助期間證明自己有在找工作。）不過這個政策要公平，就必須區分一個人是沒有意願工作，還是沒有能力工作，而此檢驗需要成本，且可能很困難。（Van Parijs. 2017. *Basic Income*. Harvard, p.102.）

接下來。

此外，范·帕里斯認爲，在全民基本收入的支持下，人將更有動力去挑戰各種自己過去因爲擔心生計而不敢嘗試的工作選項，例如有失敗風險的工作、創造性的工作、沒人嘗試過的工作等等。這些動力會讓人更自由，也會讓社會更豐富有趣。

○思想實驗與解說

「全民基本收入」其實不是典型的思想實驗。它並不是用來做推論，或者引發人對特定概念的直覺。然而，身為明確的假想情況，基本收入讓我們很容易對照現實社會，發現有關社會福利、工作環境、生活品質的種種問題。

✓這篇文章可以讓你……

- 了解全民基本收入的基本精神。
- 從基本收入議題看出社會議題的複雜。

✕這篇文章不能讓你……

- 變有錢。

第六章

怎麼討論是非對錯？

分辨孰是孰非，哲學教你選邊站

引言　朱家安

「我覺得道德什麼的，都是人訂的，沒有什麼對錯可言。」

（無視）

「你幹嘛不理我，很沒禮貌。」

「如果道德沒對錯，禮貌也一樣。」

我們很容易覺得道德無所謂對錯，因為（只要運氣夠差）我們可以直接觀察到「有人殺人」，但要觀察到「殺人是錯的」，則沒那麼容易。

有些哲學家認為道德有客觀對錯，有些哲學家持相反看法，有些哲學家處於中間，認為雖然道德沒有客觀對錯，人類還是有機會討論出合理共識。

不管事實如何，可以確定的是，我們似乎總是得在道德討論上選邊站，尤其是當我們自己就是當事人的時候。

在這一章，我們蒐集了幾篇關於如何選邊站的哲學思考。你的想法不見得跟作者相同，他們討論的議題（如果運氣好）也不見得跟你有關，不過參考這些想法，我們可以趁機練習一些將來或許派得上用場的腦筋。

第一篇　賴天恆

人民遭受海外綁架，道德上政府該付贖金嗎？

地球滿危險的，但不是每個人都有辦法回火星，諸多原因我就不說了。以下，讓我們關注地表上一種特定的危險：在國外被綁架勒贖。

你人在海外，遭歹徒限制行動，並要求你的家屬或國家拿一大筆錢換你回家的機票。聽起來或許會覺得這機率未免也太低，但是我們還是難以否認這種事偶爾還是會發生。綜觀世界各國對這種跨國綁架勒贖的反應不一，歐洲各國似乎多半會支付贖金把人救回來；英國、美國則通常不會。

政府「應該」支付贖金把人救回來嗎？有些人可能跟我一樣，直接反應是認爲救人第一，錢還可以談。

這當然不無道理。被綁架很悲慘，死於撕票屍骨回不了故鄉更悽慘。此外，政府之所以存在，其中一個目的是盡可能防止國人死於非命。如果付錢可以避免這種事，政府似乎責無旁貸。

但事情當然沒這麼簡單，至少有些哲學家不這麼認為。在倫敦大學學院（University College London，UCL）任教的哲學家豪沃（Jeffrey Howard）就討論了幾個可能反對政府支付贖金的論點。

政府都叫你別去了

有時候政府會公告一些危險地區，建議國人不要前往這些地方旅遊，其中一個原因就是當地局勢比較混亂，政府擔心自己國家的人民被殺害、綁架。此時，如果你還是硬要去，恐怕後果得自負。

在一定範圍內，這似乎是滿好的理由。然而，這理由在許多情況下不見得適用。舉例來說，有一定可能性是：國人去了未被公告為「危險」的國家旅遊，仍然會遇到綁架，此時要宣稱出國後果自負、國家毫無責任，這理由就較難以成立。此外，政府似乎也滿鼓勵出國旅遊的，至少前陣子有位政府官員就宣稱，要讓工時更有「彈性」、讓七休一「鬆綁」，方便國人積假出國玩。雖然我無法理解這傢伙的腦袋是怎麼運作的，但是如果國人在政府這種鼓勵下出國玩，結果被綁架，政府很難撇清責任。

豪沃討論到另一個可能性：爲了還政府的道德債，因此國人明知危險仍要前往。

假設我國在國際上各種不義——比方說戰爭或者剝削貧窮——多少參了一腳。（如果我沒記錯的話，我國這幾十年內並未眞的「出兵」，但是對一些戰爭行爲多少有金錢上的資助。）此時，一些國際志工與醫療團隊前往危險的地區，事實上是在幫政府盡部分的補償義務。如果國人在這種情況下面臨綁架，那麼責任其實要算在政府頭上。

以上面這些情況而言，主張「自己要去、後果自負」，對「不要支付贖金」的支持效果相當有限。

扭曲的誘因

有些規範或決議會有「漏洞」，鼓勵人去鑽。在哲學文獻上常常稱之爲「扭曲的誘因」（pervert incentive），指出這是相當常見的反對支付贖金論述。最基本的概念如下：

綁架的動機就是獲得贖金，如果支付了贖金，就會滿足綁架的動機。如此一來，等同於為綁架提供了「扭曲的誘因」，讓更多人陷於被綁架的風險中。相對的，如果政府明確表達絕不支付贖金，讓世界各地的歹徒都知道綁架我國人民毫無利潤可言，我國人民就（比較）不會成為綁架的目標。或許短期內會有一些國人因為政府拒付贖金而遭撕票，可是長遠下來，這是對國人最具保障的策略。

這個論述聽起來或許有些道理，然而，總是有一些變數。舉例來說，綁匪大概不會先看看你的護照才決定要不要綁你。此外，有可能綁匪不信邪，就是想要試試看政府這次應對的策略會不會改變。這些考量都需要更多的經驗佐證，但我們也不能眞的實驗看看，因此對於拒絕支付贖金到底會帶來怎樣的後果，尚未能得知。

然而，豪沃更關心的是我們如何權衡各種負面效益。假設政府認為，拒絕支付贖金真的可以杜絕未來的綁架，這似乎是允許了當前慘遭綁架的國人——至少前幾個——面臨撕票的命運。許多哲學家認為死亡是最慘的命運，綁架雖然不幸，但是至少可以活著回來，算是不幸中的大幸。而我們卻難以權衡幾個「被綁架但活著回來」的人，和多少人「慘遭撕票」的「犧牲」，哪個比較值得。（有可能我們覺得「活著的不幸」與「慘遭殺害」是完全不同類別的傷害，以至於無法比較、權衡。或者我們覺得「避免慘遭殺害」永遠都勝過「活著的不幸」，而這就讓權衡更困難。）

（當然，如果我們再將綁架過程中所面臨的死亡風險考量進去，就會讓問題更加複雜化。舉例來說，被綁架不是住五星級飯店，在過程中會有人死於凌虐、飢餓、疾病等等。有時候綁匪也會先殺幾個人示威，或者順手殺幾個人。）

支助恐怖活動

豪沃認為反對支付贖金最強的理由，在於有時候綁架的團體是恐怖組織，而他們會使用賺取的贖金來進行更多恐怖活動。此時，拯救國人或許是重要的考量，但是政府也必須小心不要成為恐怖攻擊（不樂意）的支助者（compliciter），畢竟恐怖攻擊會導致世界各地的人民以及國人的死亡；或至少讓許多人活在恐懼之中。

這當然取決於到底是怎樣的團體綁架國人。如果只是一些想要買遊艇、豪宅等各種奢侈品的奇怪集團下手綁架，那麼支付贖金的決議便不會面臨到這項考量（當然，在這種情況下，依然可能有其他理由去反對支付贖金）。然而，許多時候，綁架勒贖的活動確實出自於恐怖組織之手。

豪沃認為，如果我們有辦法一方面支付贖金，一方面避免讓恐怖組織更為壯大，那麼或許可以免去這個擔憂。舉例來說，有些國家可以藉由軍事手段削弱恐怖組織；然而就我國所面臨的國際處境，這樣的策略似乎不是最直接的選項。或者說，也許我們可以想辦法匯款後請求凍結款項——如果恐怖組織笨到不知道怎樣避免這種情況的話。

複雜的問題vs.複雜的事實

讀到這裡，你可能會覺得豪沃的意見似乎沒有明確的結論，沒有一概而論「要」或「不要」支付贖金的判斷，好像只是讓問題更加複雜？

我認為沒有明確結論是眞的，不過，以上的哲學思考有沒有讓問題「變得更複雜」，可能要看問題「事實上有多複雜」。如果問題本來就很複雜，那你可能會希望早點認知到其複雜程度。

如果國人不幸遭受綁架，我們確實需要考量許多因素：是否可以怪罪到個人身上而撇清責任？如果支付贖金，是否陷更多國人於綁架的風險當中？而這又要如何與人命權衡？如果支付贖金，是否會讓恐怖組織更爲壯大、進而把更多不幸帶到世上？

○思想實驗與解說

「勒索」這概念值得討論，是因為對被勒索的人來說，配合勒索者常常既是不得已的選擇，又是壞選擇。在這篇文章裡，我們使用各種後果的勒索案例，來讓大家更能體會面對恐怖份子的政府決策，和道德衡量。

✓這篇文章可以讓你……

- 了解一些等到需要用到的時候大概也來不及了的哲學討論。
- 掌握海外旅遊的風險（？）。

✕這篇文章不能讓你……

- 快樂出門平安回家。

第二篇 葉多涵

男經理比女胖子的命更重要？電車難題的實證研究

你可能聽過電車難題（Trolley Problem）：

軌道上有五個人快要被火車撞死了，如果你拉一根操縱桿，可以讓火車轉向，變成只撞死一個人，你會拉嗎？

這個問題還有許多種變形：如果你是在橋上，唯一救那五人的方法是把一個胖子推下橋擋住火車，你會推嗎？如果五個人是違規闖平交道，你還會救嗎？

有些人覺得這種問題很無聊，但事實上這可能在數年內就會對我們的生活造成影響：在一些國家，自動駕駛車已經開始上路，如果遇到必須有人被撞死的緊急情況，人工智慧應該怎麼選擇？

道德判斷的實證研究

爲了幫助人們回答這個問題，一群麻省理工學院（MIT）的科學家（以及哈佛大學、英屬哥倫比亞大學、土魯斯第一大學的合作者）寫了一個線上遊戲「道德機器❶（Moral Machine）」，調查世界各地的人們面對各種情境會如何選擇。這遊戲前陣子很紅，你或許玩過。

二〇一八年十月，研究人員在《自然》（*Nature*）期刊發表了研究結果。以下節錄一些重點和值得討論的主題。

來自兩百多個國家或領土的玩家們參與，共做了超過四千萬個決定。平均來說，被犧牲的機率由高到低是這樣排的：貓（加一五％）↓犯法的人↓狗↓老女人↓老男人↓遊民↓男胖子↓女胖子（不影響）↓男經理↓男運動員↓女經理↓女運動員↓女醫生↓男醫生↓孕婦↓男孩↓女孩↓嬰兒車（減一五％）。

❶ http://moralmachine.mit.edu/

是的，平均來說，人們認爲狗比貓重要，而且狗的命甚至比罪犯的命重要（遊戲中的圖案是拿著一袋錢的蒙面者，沒證據指出他有傷人）。女性比男性重要、小孩比老人重要、醫生和經理比遊民重要。除此之外，犧牲一個人好過犧牲許多人、讓車上的人死好過撞死路人，還有車子應該保持直走而不是試圖避開。

但是這些偏好只是平均，不同人的回答有很大差異，沒有任何一種特質可以保證被救：即使是偏好最懸殊的「救四個人／只救一個人」，前者的支持率也不到八五％。

道德判斷差異的成因

研究員接著試圖找出這些差異的成因。首先看的是年齡、教育程度、性別、收入、政治和宗教立場，結果發現都沒有固定的影響。選擇救女性的機率，男性比女性低○．○六％；選擇救人的機率，有宗教信仰的人高○．○九％。但是，本來救「女性」的機率就已經比救「男性」的機率高一○％以上、救「人」的機率比救「動物」的機率高五○％以上，所以這小於○．一％的差異實在微不足道。

但是不同文化背景則有明顯的影響。

一、**西方國家的立場大多相近。**其中，北歐以及前英屬國家又都各自相近。或許因爲大多數參與的玩家都來自這些國家，所以西方國家的結果和整體平均值最接近。這在心理學是個已知的問題，這些所謂的WEIRD國家（Western Educated Industrialized Rich Democratic，西方高教育工業化有錢民主國家）在心理學研究中占了大多數，但這些WEIRD的結果不見得適用於其他地方。所幸這篇研究也有非常多來自其他地方的結果。

二、**中南美洲的國家彼此類似，法國和其前屬地也都相近。**他們特別重

視女人、小孩，以及社會地位高的人，但是偏好救人（而非動物）的程度，低於其他地區。他們也比其他國家更想試圖做點事，讓車子繼續直走的傾向比較低。

三、**東亞和伊斯蘭教國家結果類似**（和臺灣最接近的國家依序是泰國、韓國、中國大陸）。這些文化背景的人，不像其他國家的人那麼偏好救女性、體格苗條的人、社經地位高的人、小孩、以及人數多的一方。

如果更仔細地看每個國家的文化特質，則有以下發現：

一、偏向個人主義的國家更重視人命的數量，集體主義的國家則比較敬老尊賢，不那麼偏好先救小孩和多數人。

二、貧窮的國家比較會同情闖紅燈的路人。有錢、法治程度高的國家則偏好救守法的人。

三、經濟差異大的國家，人們對待不同地位者的方式差異更大。社經地位高的人更容易被救，遊民更容易被犧牲。

四、性別不平等的國家，偏好救女性的程度較低。

這些結果該怎麼應用和解讀呢？研究者並不是希望用這個研究來決定車子應該怎麼設計，而是指出一些可能被忽視的問題。

急迫的道德問題

道德決定應該讓公眾投票決定嗎？《人權宣言》表示：所有人不論性別、年齡、社經地位，一律平等。目前世界上唯一有關自動駕駛的道德規範（德國政府訂的），也規定不能依據個人特質決定誰生誰死。但是，這篇研究結果卻又顯示人們明顯偏好先救女性和小孩，那麼我們應該忽視大家的偏好嗎？

乍看之下，如果一定有人要死，挑一下死的是誰，取回一點決定權，似乎好過完全不管。可是一旦做了這種選擇，那就是承認人命的價值並不相同，有些人是次等公民，生存權不如其他人。或許讓電腦隨機決定誰死還比較好？

不論我們是否應該寫程式決定別人的生死，這研究明確地指出，不同文化背景的人有相異的道德立場。不但如此，我們的道德感還會受經濟狀態這類外在因素影響。既然如此，我們能信任自己的道德感會幫助自己做出正確的決定嗎？甚至，眞的有所謂「正確」的決定嗎？

但是，如果我們認定世上沒有普世通用的道德標準，那麼假設某個文化中有活人獻祭、虐待、奴隸制度等等，我們是否也只能尊重？普世人權和文化差異的界線在哪？這些問題其實已經討論了上千年，一直沒有明確的結論。如今因爲科技發展日新月異，我們必須盡快回答這些問題。如果不處理，就會變成讓科技公司幫我們做決定。

○思想實驗與解說

電車問題是最有名的思想實驗之一，藉由各式各樣的變體版本，人們可以測試自己在不同情況下的道德直覺。這篇文章介紹關於大象研究的報告，不同國家和文化的人，傾向於在同個情境獲得不同直覺。

✓這篇文章可以讓你……

- 了解為什麼哲學家會想討論一些一輩子都不會碰到的道德兩難情境。

✕這篇文章不能讓你……

- 真的一輩子都不會碰到這種事。

第三篇 張智皓

轉彎或直行？臺灣AI倫理學計畫，需要你的道德判斷

在哲學各項次領域中，有一門特別的領域叫做「應用倫理學」（applied ethics）。如同字面上的意思，此領域是將倫理學中的討論，應用到日常生活中。應用倫理學所討論的議題，經常是伴隨著新技術的興起而產生。比方說，複製技術產生的複製人倫理議題、新型態能源技術產生的環境正義議題。而最近十分受到重視的，則是AI技術衍伸的AI倫理議題。

如前一篇文章〈男經理比女胖子的命更重要？電車難題的實證研究〉所述，麻省理工學院推出「道德機器」網站，並詢問受訪者：當自動駕駛車遇到那些情境時，它應該如何決策。在全球蒐集超過四千萬筆決策數據後，於《自然》期刊上發表初步分析。

臺灣的道德哲學問卷計畫

二〇一八年八月，臺灣也開始了類似的研究——人工智慧倫理學計畫——由清華大學丁川康教授與中正大學謝世民教授共同主持。在該計畫架設的「人工智慧倫理學」網站中，受訪者同樣必須在他所面臨的各項情境中，做出他認爲應該採取的行動。不同於MIT的地方在於，此計畫除了同樣有關於自駕車的情境，還新增了醫療照護、器官移植以及工程倫理等情境，試圖探索不同情境下的倫理決策，並考慮人類決策的模糊特性❶。

接下來，簡單介紹此計畫。

「人工智慧倫理學」網站會在這些不同的情境中，隨機生成一組情境條件，並要求受訪者提供自己的倫理判斷，每一次的問卷會有十五個問題。

不同於MIT「道德機器」網站，每一題只有「直行」與「轉彎」兩個選項，在

❶ fuzziness。這裡的「模糊特性」意思是指，有時候我們對於行為對錯之判斷，並非截然二分的，而是程度性的。這也是為什麼網站中提供了多元的五個選項，而非只有二分的兩個選項。

「人工智慧倫理學」網站，每一題總共有五個選項：最左邊與最右邊分別代表確定如此行爲；如果覺得不確定、無法判斷或者都可以，便能維持中間選項；而在中間與兩端之間，各自還有一個選項代表著「傾向此行爲」，即儘管你並不確定，但傾向於這麼做。

設計五個選項，是爲了能更眞實地反映我們在做倫理思考時的考量。有些時候我們並不眞的確定應該怎麼做，而只是偏好某些做法。有些時候我們根本不知道該怎麼做（沒有偏好），或者我們認爲怎麼做都可以。透過選項將這些不同情況表達出來，可以更細膩地捕捉人們的思維模式。

在塡寫完問卷後，網站會呈現你的選擇與

大衆選擇的差異。

在當前的AI領域，發展AI的主要目的，是爲了要協助人類更有效率地解決問題。如果我們希望AI可以用來協助人類做出道德判斷，那麼我們會希望AI做出的決策，可以符合人類的價值觀。因此，不論是MIT或者是此計畫的目標，都是希望能夠蒐集一般人在特定情境中的道德判斷，並進一步統整出大衆背後的倫理決策模型，以做爲日後設計AI時的參考。

AI倫理學的複雜之處

值得注意的是，在這計畫中，當我們希望AI做出符合大衆判斷的倫理決策時，並不是指AI可以做出「像人類那樣」的倫理考量。這樣的目標可能過於遠大，要達到這種程度，恐怕AI需要先擁有意識才行❷。從結果上來看，我們希望AI的判斷要和大衆的倫理決

❷「做判斷」這個行為本身涉及到不同理由之間的權衡與考量。而要有能力做到這件事情，「擁有意識」是必要條件。

策判斷一致。換言之，目前僅要求AI能夠做出模擬人類的倫理決策，而不是擁有跟人類一樣的倫理決策能力。

當然，基於大衆道德觀的個體差異，不同的人可能會關注事件中的不同面向，並對這些不同面向給出不同的排序。因此在分析大衆的決策之後，可能會產生出多組不同的倫理決策模型。

比方說，在器官移植情境中，有些人可能會主張申請的優先順序最重要，另一些人可能主張移植成功率更需要優先被考量。而在醫療照護情境中，有些人可能會認爲，患者本身的精神狀態，是決定照護機器人可否強迫患者服藥的關鍵；另一些人可能會認爲不管精神狀態爲何，患者的意願都是最優先考量。

單一正確的決策模型是否存在？

接下來可能會有人想問：在這許多組倫理決策模型中，是否有正確的一組？或是沒有單一正確的模型，而是存在多組決策模型都是合理且可接受的？關於這樣的問題，目前我們尚未能夠給出確切答案。然而，哲學上可以有幾種可能的思考方向。

比方說，美國政治哲學家羅爾斯（John Rawls）的觀點可能會主張後者：如果我們接受社會存在著合理多元事實，容許價值考量可以有多元觀點，沒有唯一解答。那麼，我們或許可以同意，同時存在多組倫理決策模型都是合理的。我們要注意，這樣的說法並不蘊含「任何觀點都對」這樣的結果。我們可以在承認有多組合理觀點的同時，也主張有一些觀點是不合理的，需要被排除。當然，哪些觀點不屬於合理觀點，是需要額外論證的。

反之，不同於羅爾斯，德沃金的觀點可能會主張前者：在特定道德情境中，在對這些價值的最佳詮釋下（或者最佳理解下），它們之間不會有眞正的衝突。因此，在這些情境中，存在著正確答案。

成為計畫的一員

若要分析前述哪一種說法較有道理，我們仍需要仰賴各倫理學家持續的對話與論辯。而在AI的部分，我們是否眞的可以從大眾的選擇中，抽取出不同類型的倫理決策模型，也是一個正在進行且須持續關注的研究議題。要回答這個問題，一項重要前提是，須搜集到足夠多的數據，如此才有分析數據的空間。

因此，如果你有意願提供協助，並且對於先前提到的各種情境（自駕車、醫療照

一輛自駕車煞車故障，不論直行或轉彎皆會造成傷亡，該怎麼抉擇？

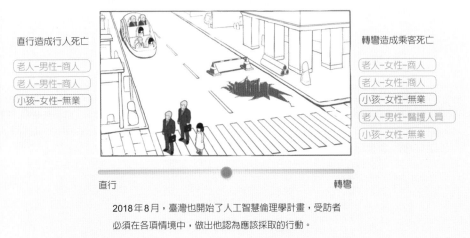

直行造成行人死亡

老人－男性－商人
老人－男性－商人
小孩－女性－無業

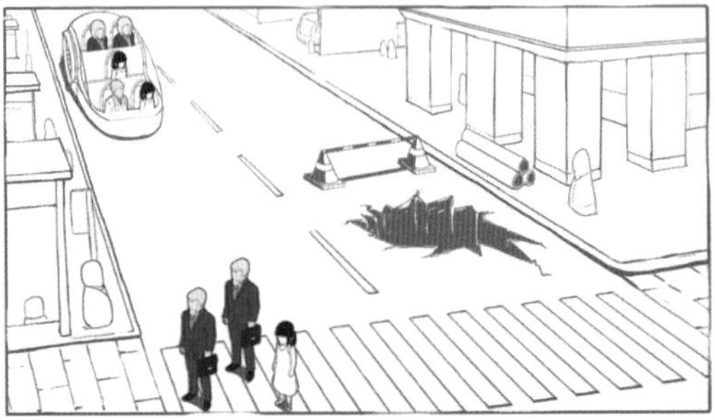

轉彎造成乘客死亡

老人－女性－商人
老人－女性－商人
小孩－女性－無業
老人－男性－醫護人員
小孩－女性－無業

直行　　轉彎

2018年8月，臺灣也開始了人工智慧倫理學計畫，受訪者必須在各項情境中，做出他認為應該採取的行動。

AI生產機器人發現公司為了更多利潤，生產時讓產品使用壽命減少30%，AI生產機器人是否應該舉報，即使後果是公司倒閉？

舉發　　隱瞞

實驗網站上也有其它情境和不同組合，
讓人面對不同情境做選擇。

性 別

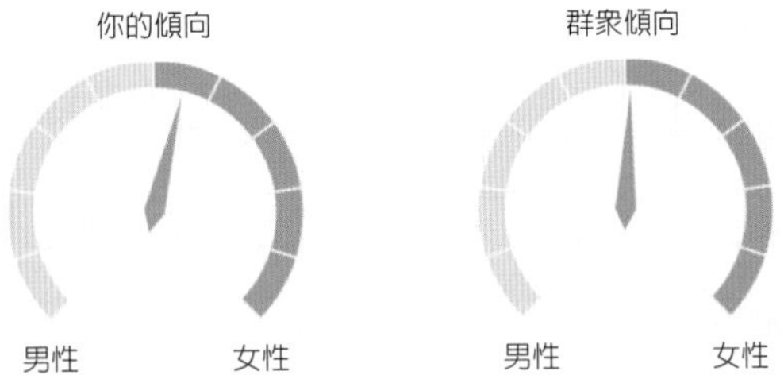

填完問卷後，能馬上知道自己和大眾的道德考量有哪些差別。
以此圖為例，受試者比平均值更傾向於拯救女性。

當AI護士照顧一個精神正常的病人，在不服藥會死亡、服藥會帶來痛苦的前提下，是否要強迫服藥？

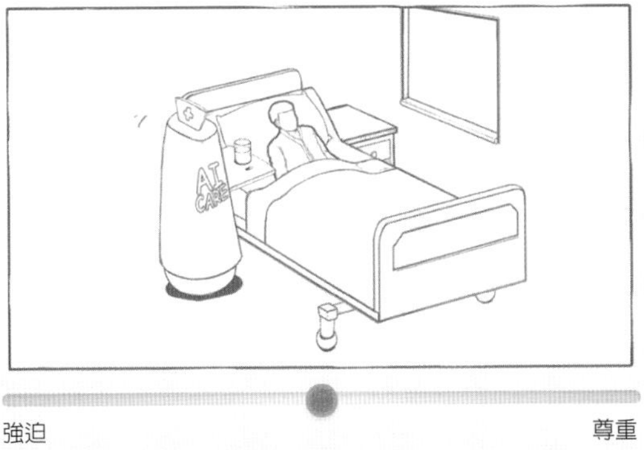

不同人在同一情境可能會有不同判斷，這些價值差異，
也是當代AI倫理學研究想要整理的。

護、器官移植以及工程倫理）有興趣，想要進一步了解那些情境的細節（包含情境中設定有哪些對立的價值因素），歡迎各位讀者一同進入「人工智慧倫理學」網站❸提供你的選擇❹。未來從這些數據中分析出有趣的結果後，也會將這些資訊回饋給大家。

❸ https://aiethics.ml

❹ 網站每一次出現的題目都是隨機，所以玩家可以重複作答，如此更能反映出作答者的真實倫理考量。

○思想實驗與解說

電車問題是最有名的思想實驗之一，這篇文章介紹臺灣關於此問題的實證研究。現在，大家都可以上網站去測試看看自己的直覺囉！

✓這篇文章可以讓你……

- 知道臺灣自己的有趣研究計畫。
- 了解自己的道德直覺和其他人有什麼不同。

✕這篇文章不能讓你……

- 知道真的碰到電車問題的時候該怎麼辦。

「這種事沒有對錯，但是……」——道德非得屈服於主觀嗎？

第四篇　朱家安

有種尷尬很多人遇過：我們覺得別人在是非道德上的看法錯誤、不正確，但是我們好像又很難主張這些看法有客觀上的對錯。這種時候，人可能會用幹話做起手式：

這種事情沒有絕對的對錯，但是——。

之所以是幹話，是因爲「沒有絕對的對錯」意味著大家可以選自己喜歡的說法。然而，當我們說出上面這種話，又是在要求別人接受「但是」後面說的那些東西。

遇到價值衝突時，我們需要主張「自己是對的」來跟別人斡旋。但除非你是護家盟或搶救國文聯盟，不然你大概沒辦法把自己的價值觀點講得好像眞理一樣。這時候你可以怎麼辦？以下我想介紹兩位哲學家在「客觀討論道德」方面的努力。

康德：道德有客觀原則嗎？

康德試圖爲道德尋找客觀原則，他找到的原則經常被理解成「己所不欲，勿施於人」，但其實不一樣。

康德的想法是，你不該依循「你不意願它成爲普遍原則」的原則來行動。這句話聽起來很拗口，進一步說明就是，當我們出於某動機而想要做某行爲的時候，康德要求我們用兩層檢驗來判斷這個行爲是否符合道德：

一、我能否合理想像：當任何人有此動機的時候，他就去做這個行爲？

二、若在一個社會裡，當任何人有此動機的時候，他就去做這個行爲，那我是否意願進入這個社會過活？

康德說，若你對上述任一問題回答「NO」，那你考慮的行爲就不道德。

舉例來說，我們可以爲了卸責（動機）而說謊（行爲）嗎？康德認爲，這組動機／

行爲會在（一）得到否定的答案。你無法合理想像所有人都爲了卸責而說謊，因爲說謊這種行爲是建立在人與人的信任上。在所有人都會爲了卸責說謊的世界，沒有人會信任別人說的話，因此也沒有人有辦法成功說謊。

另一個例子，我們可以爲了好玩（動機），就在同學的屁股點火（行爲）嗎？康德會認爲，這組動機／行爲會在（二）得到否定的答案。你不會願意進入那種人人都會爲了好玩，而在你屁股點火的社會過活，因爲那對屁股不是很好。

在（一）的「合理想像」，康德的推論有點邏輯宅。在（二）的「意願進入」，康德的說法必須預設人喜歡什麼、不喜歡什麼。這些推論和前提你可能不見得接受，不過重點在於，你可以從中體會康德想要爲道德找到某種有邏輯意味的基礎。

康德提出的原則，跟一般人對道德討論的想像有個交集處：道德需要對等公平，你不該主張有些事情只有你自己可以做，別人不行。

例如，康德不允許你在回答（一）的時候抱怨：「爲什麼我要想像別人也說謊？我自己偷偷說謊就好了啊！」而一般人也不會允許別人在大家討論「說謊是否ＯＫ」的時候，主張「我說謊ＯＫ，你說謊不ＯＫ」。

當然，就現實來說，每個人都有可能偷偷說謊，但你如果眞心認爲自己偷偷說謊沒問題，還公開主張，這不僅令人難以接受，大家可能也覺得沒必要跟你繼續討論下去。

羅爾斯：要怎麼做才算公平？

羅爾斯談社會層級的道德，他認爲「公平」是社會最重要的價值之一，並開發了一個很具體的方法來說明怎樣才算公平。

什麼是公平？我們不妨倒著問：怎樣會讓人做出不公平的決策？答案很簡單：徇私。

如果立委是有錢人，或者跟有錢人交往密切，那他們支持有利於財團的政策，也是可以想像的。立委了解經濟學、財政、投資、市場。我們覺得這樣很好，因爲這是能提出優秀經濟政策的必要條件。除了上述條件，如果立委還持有許多大公司的股份，則令人擔心他會做出不公平的政治決策。同樣地，我們也可以合理懷疑宜蘭人大多會做出對宜蘭人有利的決策、男人大多會做出偏向父權的決策……

當然，我們不能阻止立委合法賺錢，而且有錢人也有參政的權利（雖然這樣講很多餘），宜蘭人跟男性也一樣。但是在哲學上，上述猜疑其實指示了一個刻畫「公平」的方法。徇私讓人不公平，公平讓人無法徇私，我們或許就可以期待人們能秉公決策。

在羅爾斯的思想實驗「原初立場」（original position）裡，他假想有群人被「無知之幕」（veil of ignorance）遮蔽，他們雖然具備決定社會制度所須的龐大知識（經濟學、財政、投資、市場），但不具備任何「關於自己」的知識：他們不知道自己是否有錢，也不知道自己的出身、性別、族群、傳統和喜好等。羅爾斯認爲，若讓這群人一起幫他們即將進入生活的社會設計基本規則，可以期待他們設計的規則會很公平，因爲他們不知自己是誰，沒有徇私的可能。

當然，我們不可能眞的以催眠或者動神經手術來達到這效果。不過羅爾斯確實提出了一

個具體方案，來協助我們判斷，當一群價值觀不一樣的人聚在一起，哪些做法眞正對大家公平。不管我們想的是「該不該戒嚴」「該不該清黨產、揪出加害人」還是「該不該把中正大學改名爲五穀王大學」，都可以這樣思考：

假設我不知道我是哪種人，我該怎麼決策？

面對轉型正義，臺灣人人立場不同，這次眞的是字面上的意思：每個人站的位置，讓他在轉型正義後會有不同下場。有些人會知道自己的長輩爲何失蹤，有些人會知道自己的老爸爲什麼這麼有錢，而有些人會去坐牢。

如果我們暫時忘記自己是誰，我們會不會支持一個貫徹轉型正義的社會？這社會貫徹的轉型正義，會包括哪些元素？羅爾斯的提案，至少給了我們可以這樣問的機會。

異中求同

康德是否相信有客觀存在的道德事實，這在學界有人爭論。羅爾斯談政治哲學上社會基本結構的正義議題，距離「道德是否客觀」的後設倫理學（meta-ethics）問題又更遠。

但以結果論，我們可以說這兩位哲學家都致力於找尋「讓提供不同意見的人能一起決策」的思考方式。

康德和羅爾斯的洞見重要，因爲實際上你不可能避開跟意見不同者一起做事和投票。在臺灣人人意見不同，但其實我們身爲支持民主政治的人類，已經足夠相似到可以組成社會。從康德對普遍原則的看法，我們可以看出即便價値觀不同，人依舊會盡量遵守邏輯要求。而羅爾斯的原初立場，則提供了一個衡量怎樣算是公平的方式。

下次，在說「道德沒有對錯」「你有你的道德，我有我的」之前，可以想想康德、羅爾斯，以及你跟對手身爲人類的相似性。

○思想實驗與解說

康德提出了明確的檢驗規則，來判斷哪些行為合乎道德。康德的說法有幾分道理，可以用思想實驗來進一步討論。試試看，你能不能構思出一些假想情況，使得（A）某些行為能通過康德的檢驗，但我們直覺上認為這些行為不道德，或者（B）某些行為無法通過康德的檢驗，但我們直覺上認為這些行為沒什麼問題？

羅爾斯的原初立場本身就是個思想實驗，藉由無知之幕，我們可以更容易思考「不徇私」和「公平」之間的關係。

✓這篇文章可以讓你……

- 了解道德哲學問題的困難之處。
- 掌握兩個回應此困難的可能方法。

✕這篇文章不能讓你……

- 證明自己的道德意見永遠正確。

沃草烙哲學作者群簡介（按姓氏筆畫排列）

・朱家安

沃草烙哲學主編，《血源詛咒》玩家。多年來面無表情地致力於哲學教育，雖然人稱「哲學雞蛋糕腦闆」，但其實不受兒童喜愛。著有簡單易懂的哲學書《哲學哲學雞蛋糕》、同性婚姻爭論的論點分析書《護家盟不萌？》、哲學繪本《画哲學》，並與弟弟朱宥勳合著從筆戰到大考作文都通用的寫作書《作文超進化》。

・林大爲

不賣成衣的蠢事觀察家。至今不知自己到底怎麼從哲學系畢業的，反正見人就說「學哲學，發大財」，同時秉持著「尊重、包容、友善」的理念騙吃撈幹。

・林斯諺

紐西蘭奧克蘭大學哲學博士，現爲文化大學哲學系助理教授，研究領域爲美學與藝術哲學；另一身分是推理小說作家，現爲臺灣推理作家協會成員，近作爲《床鬼》。臉書粉絲團：林斯諺。

・周詠盛

國立臺灣大學哲學博士，研究方向是二十世紀中國哲學。目前從事高中哲學教育，在臺中一中、臺中女中等校固定開課，並開了臉書社團「少年哲學家與他們／她們的產地」。最大心得是：打籃球要有籃球場、練溜冰要有溜冰場，哲學要更爲普及，就應該要打造各式各樣的「哲學場」，透過融合一致的故事、情境與提問，來提高討論互動的效率。

• 何宗興

英國南安普敦大學哲學博士。現爲中正大學哲學系副教授，從事規範性哲學研究。（https://philpeople.org/profiles/tsung-hsing-ho）

• 邱怡嘉

國立臺灣大學法學碩士，學術興趣爲英美分析法理學、政治哲學與倫理學。法理學部落格「花惹法理學 WTF! JURISPRUDENCE」（wtfjurisprudence.wordpress.com）創辦人。希望將複雜的法理學議題，透過簡明的書寫，在法律做爲實用之學的認知外，開啓人們認眞看待抽象理論的機會。

• 洪偉

國立清華大學哲學碩士，臺灣大學哲學博士。寫了一個叫做「偉恩與咖啡」（wayneh.tw）的部落格，在簡單哲學營擔任講師好像已經第四年了，烙哲學召集人之一。我希望透過將哲學應用在評論、生活、職場、教學上，來推廣哲學普及的工作。如果想找我合作、聊天和遊玩，都可以寫信到wayne930242@gmail.com。

• 張智皓

國立中正大學哲學所博士候選人、簡單哲學營常任講師。著有《今天學哲學了沒》，經營很少在更新的部落格「無法哲學」（philnoway.blogspot.tw）。碩士論文研究安樂死的倫理議題，博士論文主題尚在尋找。不敢說自己有什麼專長，研究興趣也一直在變，最近感興趣的題目是知識論與理性選擇理論。

•黃頌竹

國立中正大學哲學研究所博士候選人、簡單哲學營的常任講師、《愛麗絲夢遊仙境的哲學課》的審訂人，經營「幹哲學」部落格，CoC和D&D的玩家。專長領域是道德哲學，也涉獵法律與政治哲學。博士論文嘗試以個人自主性來說明實踐規範性的來源，並以此爲基礎說明道德的規範性來源。

•葉多涵

美國北卡羅萊納大學生物學博士，現爲德國普朗克研究院演化人類學研究所的博士後研究員，專長爲文化演化。興趣包括科幻片及小說、攝影、乒乓球、重金屬音樂、編／寫／讀維基百科、轉筆、登山健行、採野菜野菇、煮好吃的無脊椎素食料理。我寫的許多雜七雜八文章收錄在《星問》個人網誌。（yeldohan.blogspot.com）

•寧欣

蠢羊與奇怪生物作者、東立出版社漫畫家、時報出版社作家、沃草美編、自由創作者。

•廖育廷

國立中正大學哲學研究所碩士生，研究主題爲幸福與人生意義。

•賴天恆

現爲澳洲國立大學博士候選人。研究領域涉及公民不服從、暴力抗爭、懲罰、政治義務、反抗的義務。同時爲「哲學家闖蕩天涯」（ppt.cc/FXFFR）網站編輯群成員，主要提供申請國外哲學系碩博士班的相關資料。目前亦擔任「少數族群與哲學（Minorities and Philosophy ANU）」召集人，致力於讓哲學社群更接納多元。

參考資料

一第一章一
大人的話一定要聽嗎？

第二篇　連作者都不知道答案的國中會考考題？

- Roland Barthes (1978), "The Death of the Author" in *Image-Music-Text*, trans. S. Heath (London : Fontana Press), 142-8.
- S. Knapp and W. B. Michaels (1982), "Against Theory," *Critical Inquiry* 8: 723-42.
- Noël Carroll (2000), "Interpretation and Intention: the Debate between Hypothetical and Actual Intentionalism," *Metaphilosophy* 31: 75-95.
- Monroe C. Beardsley (1970), *The Possibility of Criticism* (Detroit: Wayne State University Press).
- Arthur Danto (1964), "The Artworld," *Journal of Philosophy* 61: 571-584.
- Robert Stecker (2008), "Intention and Interpretation," *Journal of Literary Theory* 2: 35-50.
- Peter Lamarque (2002), "Appreciation and Literary Interpretation," in *Is There a Single Right Interpretation?* ed. M. Krausz (University Park: Pennsylvania State University Press), 285-306.

第三篇　服從權威會有什麼問題？哲學家的權威悖論

- Joseph Raz (1996), "Authority, Law, and Morality," In *Ethics in the Public Domain*. Revised Edition. Oxford: Oxford University Press. Pp.210-237.
- H.L.A. Hart (1982), "Command and Authoritative Reasons," In *Essays on Bentham*: *Jurisprudence and Political Theory*, Oxford: Clarendon Press. Pp.243-268.
- Robert Paul Wolff (1996), *In Defense of Anarchism*, California: University of California Press.

—第二章—

腦袋打結怎麼辦？

第三篇　無限殺人遊戲

- LAZAR, S. (2016), "Anton's Game: Deontological Decision Theory for an Iterated Decision Problem," *Utilitas*, 1-22。

第四篇　天人合一＋人禽之辨＝被吸血外星人豢養的可怕未來？

- 馮耀明 (2003)，〈德古來（外星人）的理想世界：一個思想實驗〉，收錄於《超越內在的迷思——從分析哲學觀點看當代新儒學》，香港：中文大學。

參考資料

—第三章—
日子該怎麼過？

第二篇　要活出生命意義，是自己爽就好，還是有客觀標準？

- Wolf (2010), *Meaning in Life and Why it Matters*, Princeton University Press: Princeton. pp. 10-25

第三篇　幸福是主觀的嗎？別人認爲你幸福，就眞的幸福嗎？

- Hall and Tiberius (2016), "Well-being and subject dependence," In *The Routledge Handbook of Philosophy of Well-Being*, Ed. by Guy Fletcher, New York: Routledge.
- Lin, E. (2017), "Against Welfare Subjectivism," *Noûs*, 51 (2):354-377.

第四篇　你願意進入「經驗機器」過幸福日子嗎？

- Bramble, B. (2016), "The Experience Machine," *Philosophy Compass*, 11 (3): 136-145.
- Nozick, R. (1974), *Anarchy, State, and Utopia*, Oxford: Blackwell, pp.42-45.
- Felipe De Brigard (2010), "If you like it, does it matter if it's real?", *Philosophical Psychology*, 23:1, 43-57, DOI: 10.1080/09515080903532290.
- Feldman, F. (2004), *Pleasure and the Good Life*, New York: Oxford University Press, pp.112.
- Milgram, S. (1963), "Behavioral study of obedience," *The Journal of abnormal and social psychology* , 67(4), 371.

一第四章一
社會的事情跟我有什麼關係？

第一篇　要人保護自己就是譴責受害者嗎？

- Hitchcock, Christopher & Knobe, Joshua, (2009), "Cause and Norm," *The Journal of Philosophy*, 106 (11): 587-612.
- Putnam, Hilary (1982), "Why There Isn't A Ready-made World," *Synthese*, 51 (2): 141-167.

第三篇　如果「反抗政府」很危險，「服從政府」就不危險嗎？

- Milgram, S. (1963), "Behavioral study of obedience," *The Journal of Abnormal Paychology*, 67 (4), 371.

第五篇　「你有，我也要有」是更平等還是讓社會更亂？

- Ronald Dworkin (1978), *Taking Rights Seriously*, Cambridge, Massachusetts: Harvard University Press.
- Ronald Dworkin (1985), *A Matter of Principle*, Cambridge, Massachusets: Harvard University Press.
- 朗諾．德沃金 (2013)，《認眞對待權利》，孫健智譯，臺北市：五南。

一第五章一
未來的世界會長什麼樣子？

第一篇　道德上，有些事情人可以做，但機器人不行

- P. F. Strawson (1962), "Freedom and Resentment," *Proceedings of the British Academy*, 48: 1–25.
- Eshleman, Andrew, "Moral Responsibility," *The Stanford Encyclopedia of Philosophy* (Winter 2016 Edition), Edward N. Zalta (ed.).

｜第六章｜
怎麼討論是非對錯？

第一篇　人民遭受海外綁架，道德上政府該付贖金嗎？

- Howard, J. W. (2017), "Kidnapped: The Ethics of Paying Ransoms," *Journal of Applied Philosophy*. P.1, 2, 4-6, 8, 9

第二篇　男經理比女胖子的命更重要？電車難題的實證研究

- E. Awad, S. Dsouza, R. Kim, J. Schulz, J. Henrich, A. Shariff, J.-F. Bonnefon, I. Rahwan (2018), "The Moral Machine Experiment," *Nature*.

第三篇　轉彎或直行？臺灣AI倫理學計畫，需要你的道德判斷

- E. Awad, S. Dsouza, R. Kim, J. Schulz, J. Henrich, A. Shariff, J.-F. Bonnefon, I. Rahwan (2018), "The Moral Machine Experiment," *Nature*.

Eurasian Publishing Group
圓神出版事業機構
用心與你對話．視野無限寬廣
究竟出版社
Athena Press

www.booklife.com.tw　　reader@mail.eurasian.com.tw

哲學 039

思辨決定你的未來：
沃草烙哲學讓你腦洞大開的25個思想實驗

作　　者＼沃草烙哲學作者群
繪　　者＼寧欣
發 行 人＼簡志忠
出 版 者＼究竟出版社股份有限公司
地　　址＼臺北市南京東路四段50號6樓之1
電　　話＼（02）2579-6600．2579-8800．2570-3939
傳　　真＼（02）2579-0338．2577-3220．2570-3636
總 編 輯＼陳秋月
副總編輯＼賴良珠
專案企畫＼沈蕙婷
責任編輯＼蔡緯蓉
校　　對＼蔡緯蓉．林雅萩
美術編輯＼潘大智
行銷企畫＼詹怡慧．陳禹伶
印務統籌＼劉鳳剛．高榮祥
監　　印＼高榮祥
排　　版＼杜易蓉
經 銷 商＼叩應股份有限公司
郵撥帳號＼18707239
法律顧問＼圓神出版事業機構法律顧問　蕭雄淋律師
印　　刷＼龍岡數位文化股份有限公司
2019年10月　初版

定價 360 元　　ISBN 978-986-137-281-5

本書收錄各種思想實驗案例。它們讓抽象的哲學變得具體好進入，更強化針對自己、他人、社會等問題的抽象思考能力。幫助你在討論人人在意的問題時，體會哲學有趣、有用的地方。也藉由釐清概念、發想論證、協助說理和討論，能夠解決人類或許有天需要面對的挑戰。

——《思辨決定你的未來》

國家圖書館出版品預行編目資料

思辨決定你的未來：沃草烙哲學讓你腦洞大開的 25 個思想實驗 / 沃草烙哲學作者群 著 -- 初版 -- 臺北市：究竟，2019.10
288 面；14.8×20.8 公分 --（哲學；39）

ISBN 978-986-137-281-5（平裝）

1. 哲學

100　　108012984